실천적인 민족주의 역사가

장도빈

실천적인 민족주의 역사가 장도빈

| **김동환** 지음 |

글을 시작하며

인간의 삶은 각양각색이다. 정신 활동에는 반드시 여러 갈등과 변화가 수반된다. 다만 발전과 퇴보라는 선택의 길이 있고, 대아大我와 소아小我의 자세가 다를 뿐이다. 산운 장도빈의 삶도 단순하지 않았다. 그는 한말의 풍운과 함께 망국의 슬픔 그리고 해방 환희를 관통하며 살았다. 전통 한학의 바탕 위에 신학문 경험을 토대로 걸어간 역사연구나 교육과 언론 분야에서 발자취도 남다르다. 때로는 식민지 조국을 뒤로 한 채 해외 망명길에 올랐다. 그럼에도 변하지 않은 하나는 우국과 독립의 의기를 품고 언론인·역사가·교육자로서 초지일관된 삶을 살았다는 사실이다.

한국인물사를 더듬어 볼 때 걸출한 인물들이 여럿 있다. 나라사랑의 의기로 살다간 인물만 하더라도 헤아리기 힘들다. 그중에서도 장도빈은 독립투사·역사가·언론인·출판인·교육가·사회운동가·육영사업가 등 실로 다방면에 걸쳐 업적을 쌓은 인물이다. 그럼에도 그에 대한 집중적 연구는 그리 많지 않다. 1981년 산운기념사업회에서 엮은 『산운장도빈전집』 2권과 1985년 『장도빈 평전』 간행은 역사학과 관련한 연구를 다소나마 진전시키는 계기였다. 그러나 비슷한 시대 상황에서 독립운동에 몸을 담고 민족주의사학을 외쳤던 박은식·신채호·정인보·안재홍 등에 대한 연구에 비하면 상대적 열세임을 확연히 엿볼 수 있다. 더욱이 역사 분야 이외 교육·언론·출판 등에 관한 체계적 연구는 전무할 정도임에 틀림없다. 이러한 까닭에 근현대사에 실린 장도빈의 역사적 무게에 걸맞는 평가도 이루어지지 않았을 뿐더러 일반인들에게는 이름마저 생소하다.

장도빈은 전통학문 토대 위에서 근대학문을 수학하고 계몽활동에 눈을 뜨면서 당대 사회에 대한 관심도 기울인 인물이다. 그는 한성사범학교를 졸업한 후 잠시 교직에 몸담았다가 대한매일신보사에 입사하면서 언론인의 길에 나섰다. 망국의 현실을 직시하고 일제 침략의 부당성을 힐난하는가 하면, 민족의식을 깨우치는 데 적극적이었다. 백암 박은식과 단재 신채호와 만남은 역사연구에 몰두하는 주요한 전환점이자 계기였다. 특히 신민회 활동을 통한 민족의식 형성은 일제강점기 독립운동의 방편으로 나타나는 등 다방면적 행동에 중요한 구심점이 되었다.

이후 연해주로 망명한 시기에도 교육·언론 활동을 통한 한인사회 정체성을 일깨우는 노력을 게을리 하지 않았다. 부여·고구려·발해 유적지 답사는 우리 고고학과 고대사 연구에 기록될 만한 사건이었다. 이를 계기로 장도빈의 국사 연구는 더욱 심화되었다. 특히 나태하고 가난한 그곳 교민사회에 대한 냉철한 관찰은 후일 교육·언론·출판 활동에 소중한 동인動因으로 작용하였다.

국내로 돌아온 장도빈은 1916년 『국사』 출간을 계기로 오산학교에서 국사 강의를 맡았다. 3·1운동 이후 민간신문 창간에 대한 노력과 출판문화활동을 통한 역사 대중화, 나아가 독립의식 고취에도 심혈을 기울였다. 조선청년연합회 등 청년단체에 대한 관심과 후원 등도 이를 관철시키려는 의도에서 비롯되었다. 1930년대에는 고구려·백제·신라와 관련된 역사유적지를 직접 답사하면서 문헌사학의 약점을 보완하는 작업을 쉬지 않았다. 일제 말기에는 대부분의 지식인들이 일제의 마수에 걸려들어 친일의 수렁에 빠졌다. 장도빈은 온갖 회유와 협박을 이기고 고고한 독립지사의 의기를 지켰다.

해방을 맞은 장도빈은 계속되는 국사연구와 더불어 언론·교육 활동에 다시금 몸을 던졌다. 우익적 성향의『민중일보』를 창간하여 민족정기를 앙양하는가 하면 분열과 대립을 넘어선 국민대통합을 외치기도 했다. 또한 단국대학 설립과 건국실천원양성소를 통해 해방된 조국의 기둥이 될 인재 양성을 적극적으로 모색하였다. 육군사관학교에도 출강하여 상무적尙武的인 군인기상을 심는데 심혈을 기울였다. 특히 대종교 참여와 단군성지보존회 조직을 통한 활동은 단군을 중심으로 한 민족정체성 정립에 강한 의지를 보였다.

다양한 활동 중 빼놓을 수 없는 점은 개인의 가치관, 즉 정신이다. 개인의 정신은 그 행동 실천의 바탕이 되기 때문이다. 이점을 고려했을 때 장도빈에 대한 인물 접근에서 정신적인 측면을 간과한다면 본질을 외면한 채 현상을 밝히는 데 머물 수밖에 없다. 독립운동·역사연구·언론출판활동·교육활동·육영사업 등 일련의 활동 이면에는 그의 가치관이 강하게 투영되어 있다. 나라사랑·단군사상·인습타파·사회개조·국가번영 등등의 사상성은 이를 반증한다. 장도빈을 논함(비록 역사 방면에 국한되어 있지만)에는 이와 같은 사상성의 문제를 동반하지 않고서는 그의 제반 활동에 대한 깊이 있는 이해 역시 불가능하다.

이 글은 장도빈에 대한 이해를 크게 생애와 사상으로 나누어 접근했다. 우선 생애 부분에서 그의 삶의 여정을 유년기·청년기·장년기·노년기로 나누어 당시 대표적 활동과 특징을 간추려 기술하고자 했다. 인물 연구의 사실적 접근에는 가장 효율적인 방법이 전기적傳記的 구성임을 고려하였다. 사상 부분에서는 장도빈 사상에 대한 본격적 접근이 처음 시도되었다. 필자는 크게 역사관·교육관·언론관·종교관으로 나누어 정리하였다. 이 중 독특한 고대사관을 밝히는 데 상당한 비중을 두었다. 이러한 관점이 장도빈의 인생 노정을 최대한 싸안을 수 있는 방법임을 염두에 두었다.

필자는 일찍부터 장도빈에 대한 남다른 관심을 기울였다. 그의 다양한 활동과 탁월한 인식은 무지한 필자로서 제대로 이해하기에 너무나 큰 '산맥'이었다. 다만 그가 남긴 수많은 역사서를 직접 접하면서 행복한 시간을 가질 수 있어 즐거웠다. 유적지 답사를 통한 고대사에 대한 역사인식은 역사대중화를 위한 시금석이자 민족정체성을 견지하는 요인이었다. 일제 강점기는 물론 해방 이후에도 한평생 지속된 열정적인 역사연구는 후학들에게 커다란 귀감으로 남아 있다. 이 책이 산운 장도빈을 이해하는 조그마한 주춧돌이 되기를 바랄 뿐이다.

2012년 12월
김 동 환

차례

5 연해주에서 독립운동 역량을 키우다

6 언론출판활동에 앞장서다

7 유적지 답사와 역사연구에 매진하다

8 독립국가 수립에 나서다

01 전통학문과 근대학문을 병행하다

신동으로 이름을 날리다

장도빈은 1888년 10월 22일 평안남도 중화군 상원면 신읍리에서 장봉구張鳳九의 둘째 아들로 태어났다. 산운汕耘은 호이며, 본관은 결성이다. 부친은 평범한 중농中農이었다. 그가 태어날 무렵은 외국인들이 어린 아이를 잡아먹는다는 소문이 나돌 정도로 외국에 대한 이해가 일천한 시대였다. 또한 서울과 부산 사이에 전선電線이 가설·준공되는 등 서구문명의 혜택이 전국적으로 확산되던 무렵이었다.

본래 그의 집안은 탈춤으로 유명한 황해도 봉산鳳山에서 살았다. 그런데 조부 장제국張濟國은 식솔들을 거느리고 신읍리로 이사하였다. 생활 근거지를 옮긴 구체적인 이유는 알 수 없다. 조부는 상원군 행정책임을 오랫동안 맡기도 했다. 장도빈이 어린 시절만 해도 상원면은 군郡이었다.

전통적 가풍이 그렇듯이 장도빈의 집안 역시 할아버지의 영향력이 절대적이었다. 장제국은 한학과 전통의학에 깊은 조예를 가진 인물로 이

웃으로부터 많은 신망과 존경을 받았다고 한다. 학문적인 성취와 달리 과거를 통한 출사出仕는 여의치 않았다. 그런 만큼 아들을 비롯한 후손들에 대한 기대감은 당연히 대단할 수밖에 없었다. 엄격한 가풍과 조부의 높은 교육열로 인해 그는 어릴 때부터 직접 조부로부터 전통교육을 받았다. 이는 사대부로서 소양을 쌓는 동시에 훗날 국학연구에 진력할 수 있는 중요한 지적 기반이자 토양이었다. 학자로서 기초적인 소양은 이러한 가운데 어느 정도 축적할 수 있었다.

어려서부터 총명한 장도빈은 장제국의 열성적 훈도로 5세 때 이미 사서삼경을 통독하여 인근에 신동으로 소문이 자자하였다. 장도빈에 대한 할아버지의 애착은 자신이 이루지 못한 꿈에 대한 기대가 한 몫 했을 가능성이 크다. 즉 양반집 자식으로 학문에 일가견이 있었으나 유독 과거와는 인연이 적었기 때문이다. 초시에 급제한 것이 전부였던 장제국은 남달리 총명했던 둘째 손자에게 거는 기대가 컸으리라고 충분히 짐작된다.

장도빈은 할아버지 기대에 어긋나지 않았다. 겨우 5세 밖에 안 된 장도빈이 상원군수가 주관하는 향교 시작대회詩作大會에서 그의 천재성을 여실히 보여주었기 때문이다. 10대에서 20대의 유생들이 즐비한 가운데에 시제詩題에 맞추어 적어낸 장도빈의 작품은 고을 원님과 주변 유생들이 모두 놀라게 한 대사건이었다.

이러한 총명함을 본 할아버지의 기대는 너욱 커졌다. 마침내 장제국은 손자가 공부에 정진할 수 있는 장소를 물색하게 되었다. 중화군 수산면水山面 병운리竝雲里 속칭 '산문이'라는 곳이 바로 그곳이었다. '산문이'

는 황해도 수안군遂安郡과 접경을 이룬 곳으로 언진산맥彦眞山脈이 뻗어있어 산이 험하고 삼림이 울창했다. 더욱이 할아버지 고향과 멀지 않은 곳이었다. 장도빈은 이곳에서 할아버지와 함께 3년간을 공부에만 매달렸다고 한다. 물론 한학을 중심으로 한 공부였다. 후일 양주동도 탄복했다는 장도빈의 한문 실력도 이 시기에 형성되었다.

서재이자 거실인 초당草堂은 온돌방과 부엌이 겨우 딸린 '초라한' 규모였다. 겨우 비와 바람을 피할 수 있는 전형적인 초가삼간이었다. 빈약한 교육환경과 달리 조부는 열성적으로 장도빈에게 한학과 인간으로서 올바른 도리 등을 가르쳤다. 그날 수업을 받은 내용은 반드시 점검한 후 끝마칠 정도로 엄격한 생활이었다. 그는 이를 잘 수용하는 가운데 남다른 이해력을 발휘하는 영특함을 보였다. 때때로 공부에 열중한 나머지 병들어 눕기도 하여 조부께 심려를 끼치는 경우도 적지 않았다. 그러나 그는 외롭고 힘든 수학도 효도라고 생각하며 스스로를 위안하는 성숙한 태도를 보였다. 할아버지를 따라 강가나 산에 올라가는 등 미래에 대한 무한한 상상력도 길렀는데, 수려한 자연환경 속에서 하는 수학은 즐거움과 동시에 외로움을 수반하는 역경의 나날이었다.

1900년은 장도빈이 12세가 되던 해이다. 어느 날 상원군의 아문衙門에서 관리가 장도빈의 집을 찾아왔다. 고을 원님이 장제국을 만나고 싶다는 요청이었다. 할아버지는 원님을 찾았다. 평양감사가 장도빈을 직접 만나보고 싶다는 전갈이 왔다는 내용이었다. 상원군 수령이 기회가 닿아 지난 날 장도빈의 시를 평양감사에게 보였더니 탄복하며 만나고 싶어한다고 하였다. 그는 즉시 여장을 꾸려 할아버지를 따라 평양감영을 향해 출발했다. 장도빈의 문재文才에 탄복한 감사는 그들 일행을 정중히 맞아주었다. 부른 이유는 아주 간단했다. 장도빈에게 한성사범학교에 응시해 보라는 권유였다. 평양감사는 즉석에서 추천서를 작성해 주었다. 이는 근대학문을 접하게 되는 다시 없는 소중한 기회였다. 추천장을 받아 고향으로 돌아온 그는 상경할 채비에 여념이 없었다. 가족들도 그의 열정적인 향학열에 대한 격려와 찬사를 아끼지 않았다.

한성사범학교에서 근대학문을 수학하다

갑오개혁은 정치·사회뿐만 아니라 근대적인 교육체제를 마련하기 위한 획기적인 조치였다. 이때 소학교 교원을 양성하는 교육기관 설립도 논의되었다. 한성사범학교는 1895년 4월 칙령 제79호로 「한성사범학교관제」를 토대로 설립된 한국 최초의 근대식 관립사범학교였다. 그러므로 각지 영재들만이 감사의 추천을 받아 응시할 수 있었던 엘리트학교로 학비뿐만 아니라 숙식은 물론 책값도 면제였다. 한성사범학교는 수업연한 2년의 본과와 6개월의 속성과를 두었다. 심상과 3년·고등과 3년의 부속 소학교도 설치하도록 규정하였다.

1895년 7월에 공포된 「한성사범학교규칙」에 따르면 본과의 학과목은 수신·교육·국문·한문·역사·지리·수학·물리·화학·박물·습자·체조 등이었다. 속성과는 본과 과목 가운데 물리·화학·박물을 합하여 이과로 편제하였다. 교육의 요지는 정신 단련과 덕성의 연마, 존왕애국尊王愛國의 지기志氣 함양, 교육자로서의 몸가짐 확립, 신체 건강의 증신

○勅令第79號　漢城師範學校官制

高宗實錄 高宗 32年 4月 16日　議奏 七 開國504年 4月 16日
官　報 開國504年 4月 19日

朕이 漢城師範學校官制를 裁可ᄒᆞ야 頒布케 ᄒᆞ노라

大君主 御押 御璽

開國五百四年四月十六日

內閣總理大臣　金弘集

學部大臣　朴定陽

勅令第七十九號

漢城師範學校官制

第一條 漢城師範學校ᄂᆞᆫ 敎官을 養成ᄒᆞᄂᆞᆫ 處로 홈

第二條 漢城師範學校에 本科와 速成科의 二科를 置홈

第三條 本科ᄂᆞᆫ 二箇年으로ᄡᅥ 卒業期로 홈

第四條 速成科ᄂᆞᆫ 六箇月로ᄡᅥ 卒業期로 홈

第五條 漢城師範學校에 附屬小學을 置ᄒᆞ야 兒童을 敎育케 홈

附屬小學을 尋常科와 高等科의 二科로 ᄒᆞ니 每科를 三年으로ᄡᅥ 卒業期로 홈

第六條 漢城師範學校에 左開ᄒᆞᄂᆞᆫ 職員을 置홈

學校長 一人 奏任
敎 官 二人以下 奏任或 判任
副敎官 一人 判任
敎 員 三人以下 判任
書 記 一人 判任

第七條 學校長은 學部參書官으로 兼任케 ᄒᆞ니 學部大臣의 命을 承ᄒᆞ야 校務를 掌理ᄒᆞ야 所屬職員을 統督홈

第八條 敎官은 生徒의 敎育을 掌홈

第九條 副敎官은 敎官의 職務를 助홈

第十條 敎員은 附屬小學校兒童의 敎育을 掌홈

第十一條 書記ᄂᆞᆫ 學部主事로 兼任케 ᄒᆞ니 學校長의 命을 承ᄒᆞ야 庶務會計에 從事홈

第十二條 本科와 速成科及 附屬小學의 學科程度ᄂᆞᆫ 學部大臣이 定홈

第十三條 本令은 開國五百四年五月一日로븟터 施行홈

한성사범학교관제

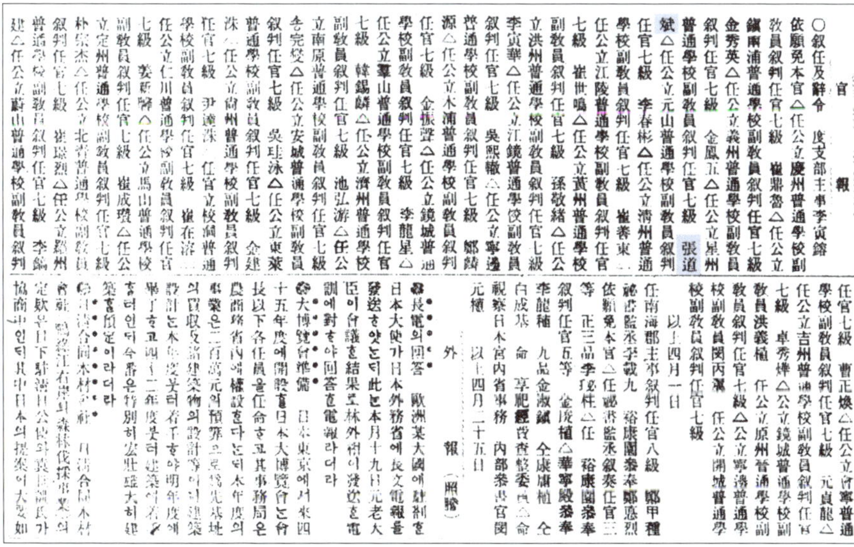

官報

○叙任及辭令 度支部主事李寅鎔
依願免本官△任公立慶州普通學校副
敎員叙判任官七級 崔鼎魯△任公立
鎭南浦普通學校副敎員叙判任官七級
金秀英△任公立義州普通學校副敎員
叙判任官七級 金鳳五△任公立星州
普通學校副敎員叙判任官七級 張道
斌△任公立元山普通學校副敎員叙判
任官七級 李春彬△任公立淸州普通
學校副敎員叙判任官七級 崔養東△
任公立江陵普通學校副敎員叙判任官
七級 崔世鳴△任公立黃州普通學校
副敎員叙判任官七級 孫敬緖△任公
立洪州普通學校副敎員叙判任官七級
李寅華△任公立江鏡普通學校副敎員
叙判任官七級 吳熙轍△任公立寧邊
普通學校副敎員叙判任官七級 鄭疇
源△任公立木浦普通學校副敎員叙判
任官七級 金振聲△任公立鏡城普通
學校副敎員叙判任官七級 李龍星△
任公立羣山普通學校副敎員叙判任官
七級 韓錫麟△任公立濟州普通學校
副敎員叙判任官七級 池弘游△任公
立南原普通學校副敎員叙判任官七級
李完燮△任公立安城普通學校副敎員
叙判任官七級 吳圭泳△任公立東萊
普通學校副敎員叙判任官七級 金建
洙△任公立尙州普通學校副敎員叙判
任官七級 尹達洙△任官立校洞普通
學校副敎員叙判任官七級 崔在濟△
任公立仁川普通學校副敎員叙判任官
七級 姜斯騁△任公立馬山普通學校
副敎員叙判任官七級 崔成瓚△任公
立定州普通學校副敎員叙判任官七級
朴宗杰△任公立北靑普通學校副敎員
叙判任官七級 崔環烈△任公立羅州
普通學校副敎員叙判任官七級 李鎬
建△任公立蔚山普通學校副敎員叙判
任官七級 曹正煥△任公立會寧普通
學校副敎員叙判任官七級 元貞龍△
任公立吉州普通學校副敎員叙判任官
七級 卓秀烨△公立鏡城普通學校副
敎員洪義植 任公立原州普通學校副
敎員叙判任官七級△公立寧邊普通學
校副敎員閔丙璨 任公立開城普通學
校副敎員叙判任官七級
以上四月一日
任南海郡主事叙判任官八級 鄭甲種
祕書監丞李載九 裕康園叅奉鄭憲烈
依願免本官△任祕書監丞叙奏任官三
等 正三品李琇性△任 裕康園叅奉
叙判任官五等 金俊植△華寧殿叅奉
李龍稙 九品金淑鉉 全康庸植 全
白成基 命 享肥經費査整委員△命
視察日本宮內省事務 內部叅書官閔
元植 以上四月二十五日

外報（照謄）

●長電의回答 歐洲某大國에駐剳한
日本大使가日本外務省에長文電報를
發送하얏는데此는本月十九日元老大
臣이會議한結果로林外相이發送한電
訓에對하야回答한電報라더라
●大博覽會準備 日本東京에서來四
十五年度에開設할日本大博覽會는會
長以下各任員을任命하고其事務局은
農商務省內에權設하다는데本年度의
事業은二百萬元의預算으로爲先基地
의買收及諸建築物의設計等이며建築
設計는本年度부터着手하야明年度에
畢了하고四十二年度부터建築에着手
할터인데今番은特別히宏壯雄大히建
築할預定이라더라
●日淸合同木材會社 日淸合同木材
會社는鴨綠江右岸의森林伐採事業을
定하야目下駐淸日公使와袁世凱氏가
協商中인데其中日本의提案이大要如

장도빈 교사 임명(『황성신문』 1907년 4월 30일 관보)

등이었다. 입학자격은 본과의 경우 20~25세, 속성과는 22~35세였다. 1899년에 본과의 수업연한을 4년으로 연장하여 본과생을 모집하면서 22~40세로 바뀌었다. 정원은 본과 100명, 속성과 60명으로, 1905년까지 7회에 걸쳐 모두 195명의 졸업자를 배출하였다. 후일 장도빈을 대한매일신보사로 연결시켜준 박은식도 한성사범학교의 한문교사였다.

장도빈은 수많은 인재들과 경쟁하여 한성사범학교에 당당히 합격하였다. 한성사범학교 입학시기는 분명

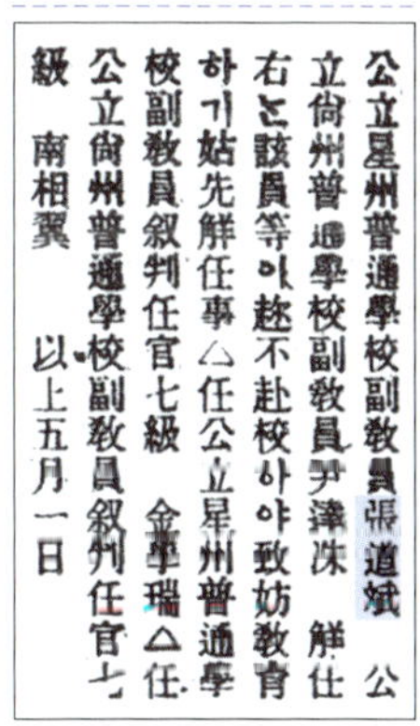

公立星州普通學校副敎員張道斌 公
立尙州普通學校副敎員尹達洙 解任
右는該員等이趂不赴校하야致妨敎育
하기姑先解任事△任公立星州普通學
校副敎員叙判任官七級 金準瑞△任
公立尙州普通學校副敎員叙判任官七
級 南相翼 以上五月一日

공립성주보통학교 부교원 장도빈

치 않으나 14~16세 사이에 입학한 듯하다. 일부 연구자는 장도빈의 입학을 12세 때인 1900년이라고 주장한다. 또한 14세 때인 1902년이라는 의견도 있다. 그러나 장도빈이 1907년 4월에 '한성사범학교 속성과 제2회 졸업시험방卒業試驗榜'에 네 번째로 올라 있는 것을 보면 그의 졸업년도는 1907년이 맞다. 당시 대한제국에서는 졸업시험방의 형태로 졸업생으로 결정된 명단을 발표했다. 졸업시험방 발표일 또는 그 며칠 뒤 날짜로 졸업증서를 발급했기 때문이다. 1907년 4월 1일자로 '공립성주보통학교부교원公立星州普通學校副敎員'으로 임명됨을 보거나 「한성사범학교규칙」에 나타나는 속성과 입학 조건과 기간 등을 보면 14세~16세 사이에 입학한 것이 합리적인 이해라 할 수 있다.

장도빈이 한성사범학교 졸업 당시(1907년)의 나이는 19세였다. 그가 16세에 입학을 했더라도 이것은 당시 상례로 보면 특전이나 다름없었다. 앞에 언급한 「한성사범학교규칙」에 벗어나는 응시이며 입학이었다. 그만큼 특출난 재능과 능력을 장도빈은 보여주었다.

이러한 일화도 전한다. 한성사범학교 시험 때에는 학부대신이 친히 시험장을 찾은 적이 많았다. 장도빈이 시험 칠 당시에도 학부대신이 지켜보았다. 그 인물이 바로 민영소閔泳韶였다. 민영소는 나이 든 수험생들 속에 끼어 있는 장도빈이 특히 눈에 들어왔다. 비교적 어린 장도빈 모습이 대견스럽게 보였다. 시험답안 작성 중 연필심이 부러져 곤혹을 치르는 장도빈에게 민영소가 친히 연필을 깎아주었다는 이야기가 전한다. 이러한 덕분에 그는 시험지 답안을 깔끔하게 마무리할 수 있었다.

장도빈의 신학문에 대한 열정은 향학열을 고취시키는 요인이었다.

처음으로 접한 이과나 산술 등은 지적 호기심을 자극하기에 충분한 요인을 내포하고 있었다. 이전부터 열심히 공부한 한문 등과 관련된 분야에서 그는 발군의 실력을 발휘했다. 더욱이 각지에서 몰려든 인재들은 각자 독특한 자부심과 더불어 학문적인 능력을 겸비한 인물들이었다. 자연스럽게 학내 분위기는 향학열의 고조로 이어졌다. 그의 탄탄한 한문 실력은 바쁜 일가 속에서 여유로운 학창생활을 즐기는 요인 중 하나였다.

02 원대한 이상을 품다

교육활동에 첫걸음을 내딛다

장도빈은 파란 많은 학창시절을 보내고 최세명崔世鳴 · 김수영金秀英 등 32명과 함께 졸업시험을 무사히 통과했다. 속성과 제2회 졸업이었다. 장도빈은 1907년 4월 19일 성주공립보통학교 부교원 판임관 7급으로 임명되었다. 그의 동료 중 최정로崔鼎魯는 경주보통학교 부교원, 김수영은 진남포보통학교 부교원, 김봉오金鳳五는 의주보통학교 부교원, 최선동崔善東은 청주보통학교 부교원으로 각각 발령을 받았다. 그런데 상주공립보통학교 부교원 윤달수尹達洙와 함께 장도빈은 곧바로 부임하지 않았다. 자세한 이유는 현재까지 전혀 알 수 없다. 장도빈과 윤달수가 부임하지 않자, 학부는 5월 1일자로 성주보통학교 부교원에 김학서金學瑞와 상주보통학교 부교원에 남상익南相翼을 각각 임명하였다.

장도빈은 풍전등화 같은 위기의식 속에서 학문에 몰두하는 한편 국권회복을 위한 방책을 강구하지 않을 수 없었다. 이러한 인식은 공립보통학교 교사로 부임하지 않은 채 국권수호를 위한 새로운 방안을 모색한 것으로 보인다. 여기에 갑작스런 부친 사망도 커다란 충격 중 하나로 작용하지 않았나 생각된다. 덧붙일 것은 서울에 머물 당시 상동청년학원에서 국사를 가르친 점이다.

> 교사직을 맡아 준 선생들은 각 분야에서 유명한 학자들이었다. 성경은 전덕기, 국어학 주시경, 영어 스크랜튼 부인(후에 남궁억), 세계사 헐버트, 국사 장도빈과 최남선, 수학 유일선, 체육 김창환, 교련 이필주, 한문 조성환 등은 모두 장안에서 알려진 인물로서 대학 강사로서 손색이 없을 뿐 아니라 모두 애국지사였다.

위의 기록처럼 당대 그 방면의 권위자들이 강의를 맡았다. 장도빈이 강의한 분야는 발해조선사 부분인데, 그 강의를 들었던 장석영張錫英은 아주 인상적이고 감동적인 강의였다고 회고했다. 한편 그 즈음에 장도빈이 고향에 내려가 소학교 교원 생활을 했다는 설도 발견되는데, 이 점에서 또 다른 계획을 품고 있었던 것이 아닌가 하는 추측도 가능하다.

상동청년학원은 1905년 상동교회에서 설립·운영한 중등부 과정으로 대한제국기를 대표하는 교육기관 중 하나였다. 상동교회 전덕기全德基 목사는 초등교육기관인 공옥여학교와 공옥남학교 위에 중등부 과정이 청년학원을 설립하였다. 1904년 10월 미국교포 강천명姜天命이 돈 5원을 교육사업에 써달라고 부쳐와 학교 설립이 이루어졌다. 전덕기 목사는 청년학원을 통하여 구국운동에 헌신할 인재를 양성하고 투철한 민

사립 공옥(攻玉)학교 제8회 졸업기념사진(1916)

족정신을 키워주기 위하여 신앙교육과 함께 다양한 교육을 실시하였다. 교육내용은 한글보급운동·국사 강의·외국어 강의·군사훈련·신문화 수용과 전파·지도자의 자기 수양(종교훈련) 등이었다.

한글보급운동은 주시경周時經을 중심으로 활발히 전개되었다. 주시경은 1907년 7월 1일부터 학생들을 대상으로 여름방학을 이용하여 하기 국어강습회를 열어 국문법을 가르쳤다. 수업 내용은 음학音學·자분학字分學·격분학格分學·도해학圖解學·변성학變性學·실용연습의 6과로 구분하였다. 주일예배 후 오후 2시부터 2시간 정도 정기적으로 상동청년학원 내에서 가르치며 국어의 중요성과 과학성을 강조하였다. 1907년 11월부터 1909년 12월까지는 상동청년학원 안에 국어야학과를 설치하고 국어문법을 가르쳤다.

한국사 · 한국지리 · 교련시간을 강화하여 학생들에게 민족의식과 역사의식을 고취시켜 독립정신을 함양하는데 주력하였다. 특히 교련시간에 학생들은 목총을 메고 군가를 부르며 북소리에 맞추어 행진하였다고 한다. 이러한 민족교육의 전통은 강제병합 이후 국내가 일제의 식민지주의교육의 횡포에 시달리고 있을 때 국외에서 활발히 전개된 민족주의 교육운동에 큰 영향을 끼쳤다. 장도빈은 역동적인 고대사를 통하여 학생들에게 잠재된 민족의식을 불러일으켰다.

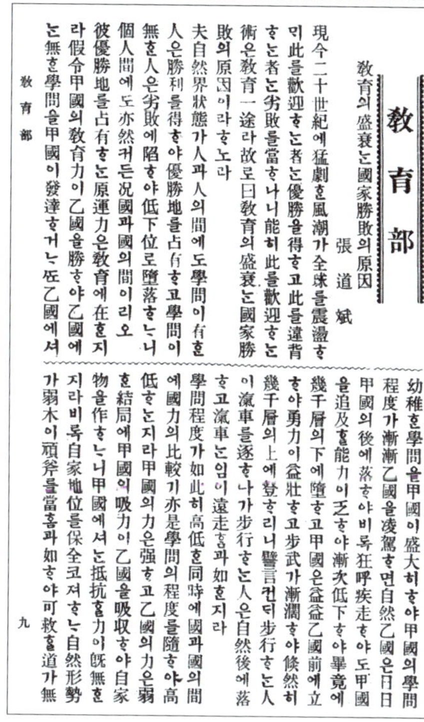

教育部

教育의盛衰ᄂᆞᆫ國家勝敗의原因

張道斌

現今二十世紀에猛劇ᄒᆞᆫ風潮가全球를震盪ᄒᆞ미此를歡迎ᄒᆞᄂᆞᆫ者ᄂᆞᆫ優勝을得ᄒᆞ고此를違背ᄒᆞᄂᆞᆫ者ᄂᆞᆫ劣敗를當ᄒᆞ나니能히此를歡迎ᄒᆞᄂᆞᆫ術은教育一途라故로曰教育의盛衰ᄂᆞᆫ國家勝敗의原因이라ᄒᆞ노라

夫自然界狀態가人과人의間에도學問이有ᄒᆞᆫ人은勝利를得ᄒᆞ야優勝地를占有ᄒᆞ고學問이無ᄒᆞᆫ人은劣敗에陷ᄒᆞ야低下位로墮落ᄒᆞᄂᆞ니個人間에도亦然커든況國과國의間이리오

彼優勝地를占有ᄒᆞᄂᆞᆫ原運力은教育에在ᄒᆞᆫ지라假令甲國의教育力이乙國을勝ᄒᆞ야乙國에ᄂᆞᆫ無ᄒᆞᆫ學問을甲國이發達ᄒᆞ거ᄂᆞᄯᅩ乙國에셔幼稚ᄒᆞᆫ學問을甲國이盛大히ᄒᆞ야甲國의學問程度가漸漸乙國을凌駕ᄒᆞ면自然乙國은日日甲國의後에落ᄒᆞ야비록狂呼疾走ᄒᆞ야도甲國을追及ᄒᆞᆯ能力이乏ᄒᆞ야漸次低下ᄒᆞ야畢竟에幾千層의下에墮ᄒᆞ고甲國은益益乙國前에立ᄒᆞ야勇力이益壯ᄒᆞ고步武가漸濶ᄒᆞ야倏然히幾千層의上에登ᄒᆞ리니譬言컨ᄃᆡ步行ᄒᆞᄂᆞᆫ人이滊車를逐ᄒᆞ나가步行ᄒᆞᄂᆞᆫ人은自然後에落ᄒᆞ고滊車ᄂᆞᆫ임이遠走ᄒᆞᆷ과如ᄒᆞᆫ지라

學問程度가如此히高低ᄒᆞᆫ同時에國과國의間에國力의比較기亦是學問의程度를隨ᄒᆞ야高低ᄒᆞᄂᆞᆫ지라甲國의力은强ᄒᆞ고乙國의力은弱ᄒᆞᆫ結局에甲國의吸力이乙國을吸取ᄒᆞ야自家物을作ᄒᆞᄂᆞ니甲國에셔ᄂᆞᆫ抵抗ᄒᆞᆯ力이旣無ᄒᆞᆫ지라비록自家地位를保全코져ᄒᆞᄂᆞ自然形勢가弱木이頑斧를當ᄒᆞᆷ과如ᄒᆞ야可救ᄒᆞᆯ道가無

教育部 九

『서우』에 실린 장도빈의 논설 「교육의 성쇠는 국가승패의 원인」

국채보상운동에 참여하다

러일전쟁 이후 일제는 군사력을 동원한 가운데 더욱 긴박하게 움직였다. 전쟁에서 승기를 잡은 일제는 제1차 한일협약 체결로 차관공세를 강화할 수 있는 영역을 구축하였다. 이는 한국 재정을 완전히 종속시킬 뿐만 아니라 차관으로 식민지 경영에 필요한 기초적인 작업을 병행하려는 의도였다. 재정고문 메가다 슈따로目賀田種太郎는 1905년 6월에 문란한 화폐를 정리하기 위한 화폐정리채貨幣整理債 명목으로 관세수입을 담보로 하여 일본 제일은행으로부터 300만 원을 차입하였다. 또 구채상환舊債償還을 구실 삼아 국고금 수입을 담보로 일본에서 공채로 모집한 200만 원을 들여왔다. 12월에는 천일은행·한성은행 보조대부와 금융조합 창립자금으로 150만 원을 차입했다.

이듬해 통감부 개설 이후 시정개선비施政改善費 명목으로 4차례에 걸쳐 1,150만 원에 달하는 막대한 차관을 도입하였다. 그는 화폐개혁을 주도하면서 한국인 화폐자산을 수탈하는 한편 식민지용 화폐인 불환지폐 제일은행권 유통을 선두에서 지휘했다. 실질적인 구매력이 없는 통화를 차관으로 하여 식민지화에 필요한 제반 경비는 이로 대체하여 나갔다. 이는 금융공황을 초래하는 가운데 한국 경제계를 파산상태로 내몰았다.

국채보상운동이 전개될 무렵 국채는 약 1,300만 원에 달하는 엄청난 거액이었다. 대한제국 재정은 세입총액 1,318만 원과 세출총액 1,395만 원이었다. 국채는 대한제국 1년 예산에 버금가는 액수로 외채를 상환하기에 불가능하였다. 차관용도로 각 은행과 회사에 분급한 금액 300만 원, 수도국과 위생비용 370만 원, 일본유학생 비용 300만 원, 일본이 구문으로 가져간 액수 100만 원, 미지금액 630만 원이었다. 여기에서 대부분은 한국에 대한 경제침략 비용으로 활용되었음을 알 수 있다.

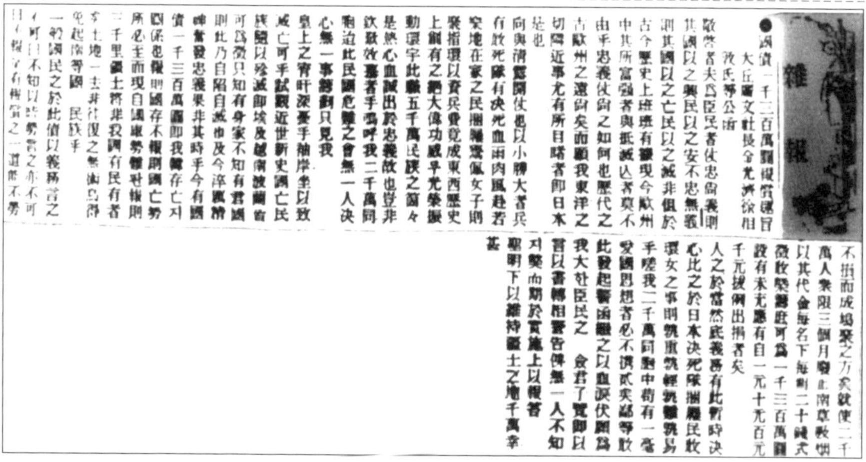

「국채보상취지서」

일제의 경제적 침탈에 의한 급속한 식민지화 과정은 한국인들에게 국권상실이라는 위기의식을 고조시켰다. 빈약한 국고로는 거액의 국채를 상환할 수 없다는 여론이 점차 형성되었다. 국채가 국가 멸망을 초래할 수 있다는 위기의식은 이보다 먼저 제기된 바가 있었다.

1907년 2월 초순 대구광문사 사장 김광제金光濟와 부사장 서상돈徐相燉, 대동광문회 회장 박해령朴海齡, 회원 김윤란金允蘭·장상철張相轍 등은 이른바 「국채보상취지서」를 작성하여 김광제·서상돈 공동명의로 발표하였다. 이들은 취지서를 국내 언론사와 계몽단체는 물론 국외 일본 유학생단체인 대극학회大極學會에 발송했다. 이는 선전활동을 통하여 국민운동으로 전개하기 위함이었다. 1907년 2월 21일 『대한매일신보』는 「국채일천삼백원보상취지서」를 게재함으로써 자립경제운동의 시작을 알렸다. 횃불에 불을 댕긴 셈이다. 보도는 입에서 입으로 전달되는 등 태풍처럼 전국 방방곡곡을 강타했다. 이러한 소식을 전하는 사람은 마치 자기 일처럼 생각하고 행동하는 분위기였다. 이를 위하여 단연운동斷煙運動도 전국적으로 전개되었다.

장도빈 역시 국채보상운동에 동참하였다. 그는 한성사범학교 속성과 2회 졸업생 26명의 명의로, 각각 50전씩 13원을 모금·의연義捐하였다. 이러한 소식이 널리 알려지자 학생들의 동참이 더욱 확산되었다. 여성들은 상상을 초월할 정도로 적극적이었다. 서울 원동에 사는 94세 노파와 70대 딸 등 의연 소식은 신선한 '청량제'였다. 이들은 반찬값을 절약하거나 비녀·가락지·은장도 등을 의연품으로 기꺼이 내놓았다. 평양에서는 술집 여자종업원 30여 명이 의연금으로 가락지를 모았다. 미주·노령에 거주하는 교포들도 의연금을 보내왔다. 이는 국내에서 전개되는 민족운동에 동참하려는 의지와 이를 격려하는 의도에서 비롯되었다. 자신들도 한민족임과 운명공동체라는 인식을 공유하고 있었다.

이러한 가운데 나인영(1909년 대종교를 일으킨 후 나철로 개명) 등은 조약에 찬성한 오적五賊을 처단하려는 계획을 세웠다. 다섯 매국노는 박제순(외부대신)·이지용(내부대신)·이근택(군부대신)·이완용(학부대신)·권중현(농상공부대신) 등이었다. 후일 장도빈은 이러한 나철의 의기를 높이 평가하며 조선팔현朝鮮八賢으로 꼽기도 했다.

1907년 6월 일제 침략상과 을사늑약 무효를 세계 열강에 호소하려다 실패한 헤이그특사사건이 일어났다. 일제는 이 사건을 빌미로 한국의 내정에 관한 전권을 장악하려는 음모를 계획했다. 일제는 헤이그특

사사건 책임을 고종에게 물어 강제로 퇴위시켰다. 그리고 한국의 국권을 빼앗는 내용의 신협약을 작성하여 1907년 7월 24일 정식으로 한국정부에 제출하였다. 이완용 내각은 하루 만에 찬성하여 순종의 재가를 얻었다. 7개의 항목으로 체결된 이 조약에는 비밀각서가 첨부되어 있었는데, 이는 사실상 '병탄倂呑'을 뜻하였다. 비밀각서는 군대해산을 비롯해 일본인을 관리로 임명하는 등 이른바 차관정치次官政治의 시작을 알렸다. 동시에 특히 사법분야와 경찰분야에 다수 일인日人관리를 등용시켜 사법권·경찰권을 장악하였다. 한국인들에게 커다란 충격이었다. 장도빈도 역시 예외는 아니었다.

03 국권회복운동에 나서다

대한매일신보사에서 항일 필봉을 휘두르다

일제에 의한 고종의 강제 퇴위와 군대해산에 대한 저항이 8월 들어 본격적으로 전개되었다. 1907년 정미의병운동이 그것이다. 1894년 동학농민운동의 세력을 기반으로 을미의병이 일어났고, 1905년 을사늑약이 맺어지자 최익현·민종식·신돌석 등이 주축이 되어 굴기한 을사의병이 일어났다. 그리고 여기에 이은 마지막 의병운동이 바로 정미의병운동이다. 특히 정미의병운동은 해산 군인들이 합세하여 그 파급력이 거대하였다.

이러한 격동의 시대를 고향에서만 보낼 수 없던 장도빈이었다. 마침내 그는 서울행을 결심하였다. 한성사범학교 입학 이후 두 번째의 서울행이었다.

내가 21세 때, 즉 서기 1908년에 서울을 두 번째 방문하였다. 그전에 또

그전 해에 서울에서 겪은 풍파는 생각할수록 몸서리를 칠뿐이었다. 을사오조약 직후 소란한 인심, 의분의 끓는 피는 사면팔방에서 번갯불 같이 움직이는 때이다. 이준 열사의 헤아밀사사건, 나철, 이갑(이기의 오기) 여러분의 오적저격사건, 더욱 군대 해산할 때의 박승환 순국 당시 한일군韓日軍 접전으로 서울이 불바다가 되는 한편, 지방에서 최익현의 의병사건, 각 지방의 의병 곧 허위·이강년·민긍호·연기우·신돌석·홍범도·이진룡·채응언 등의 의병전투사건 등등으로, 전국의 풍운이 어지러운 때이었다. 그 시대에 나는 서울에서 갖은 충상을 겪으며 학창學窓에서 세월을 보내는 한편, 시사의 변천을 따라 개탄만 더해가는 끝이었다. 내가 민충정공의 집을 찾아 그 사랑마루방에 놓여 있는 민씨의 피묻은 옷, 그 곁에 말라가는 한 줄기 참대나무를 볼 때에, 또는 헤아사건으로 고종이 쫓겨나고 순종이 즉위하는 현상을 볼 때에, 그 깊이 잠겼던 인상은 일생에 잊히지 않는 것이었다. 그리하여 나는 잠시 고향에 가서 부친장례를 지내고, 그 다음 해 곧 1908년 봄에 서울을 다시 방문한 것이었다. 이때 서울은 인구가 20만이었는데, 진고개 일인이 약 3만이요, 우리 한국인은 약 17만이었으며, 일인은 그 세력을 마음대로 펴서 화려한 생활, 웅장한 기세를 올리고, 한국인은 거의 직업을 잃고 황야에 신음하는 형편이었다. 나는 일본 순사·헌병·군병들의 사나운 주먹과 거치른 말굽에 유린당하는 한국인을 볼 때에 오직 눈물만 어릴 뿐이었다

첫 번째 서울 방문이 그리 아름답지 않았다고 회고하며, 급변하던 1907년의 상황을 예리하게 직시하고 있다. 이는 책을 더듬으며 시대에

박은식

대한 개탄으로 보낸 시절이 많았음을 말한다. 더욱이 일제의 강제에 유린당하는 백성들의 모습에 눈물 섞인 분노를 드러내었다. 1908년 두 번째 서울에 올라온 장도빈은 스무 살의 나이에 박은식 소개로 대한매일신보사에 입사하였다. 그는 박은식의 만남과 신문사 입사 경위를 다음과 같이 술회했다.

그때 서울에 유명한 선비로 애국심이 깊은 학자인 박은식 씨가 있었는데, 그는 황성신문 주필로 훌륭한 논문을 게재하여 우리 민족의 애국심과 독립사상을 고취하는 분이었다. 그리하여 청년들의 진취를 도와주어 사회의 발달을 힘쓰는 분이었다. 나는 그분을 수차례 방문하였더니, 그분이 매우 관심하여 그분의 소개로 대한매일신보사 총무 양기탁 씨를 만났다. 양씨는 큰 신문사를 경영하는 한편, 독립운동의 중심인물로서 유명한 분이었다. 양씨는 나를 만나자 일면여구一面如舊로 깊이 교제하여, 나에게 국가민족을 위하여 진력하기 바란다고 부탁하였다. 양씨는 그 다음 날부터 대한매일신보사 기자로 추천하는 한편, 나더러 논설을 지으라고 위탁하므로, 그때부터 그 신문의 논설위원이 되었다. 그런데 그때 신채호 씨가 그 신문사의 논설주필로 있어서 불행히 병에 걸려 출근이 여의치 못하므로, 대개 내가 논설을 쓰게 되었는데, 그러나 신씨가 혹 신문사에 오고 하여 나를 만나 보고서 깊이 친한 친구가 되어 아주 가장 가까운 친구로 일생에 반가운 분이었다. 약 1년 후에 신씨가 병이 대강 치료되어 신문사에 출근하게 되었는데, 그때부터

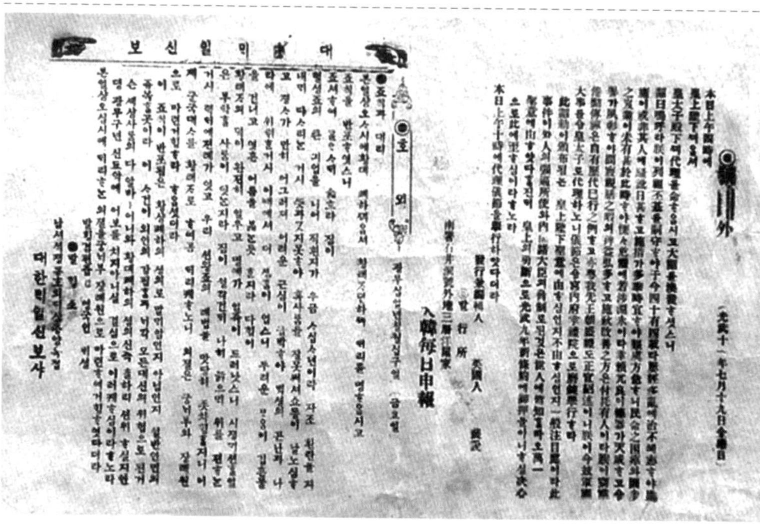
대한매일신보

號外 (光武十一年七月十九日金曜日)

호외

大韓每日申報

「대한매일신보」 호외(1907년 7월 19일)

1주일은 신씨가 논문을 쓰고 1주일은 내가 논문을 썼다. 이것이 1909년의 일이다.

당시 장도빈을 천거했던 박은식은 한국 언론계의 거물로서 황성신문사에 몸담고 있었다. 일찍이 1898년 장지연張志淵·남궁억·유근 등이 『대한황성신문』을 인수한 뒤 신문 이름을 『황성신문』으로 개제改題·간행하였다. 박은식은 장지연과 함께 주필이 된 인물이었다. 1904년 러일전쟁이 발발하자 『황성신문』을 통해 일제의 침략정책을 비판하고, 국민들에게 자주독립정신과 애국사상을 고취하다가 한때 일본헌병대에 구금되기도 했다. 이어 1905년 『대한매일신보』 주필이 되어 대한제국정

대한매일신보편집국

부의 취약성과 일제의 악랄함을 비판하는 데 앞장섰다. 을사늑약이 강제 체결되자 일제가 무력위협으로 체결한 조약의 진상을 폭로하고 규탄했다. 한편 을사늑약 규탄으로 정간되었던 『황성신문』이 1906년 2월 복간되자 그 신문의 주필로 자리를 옮겨 1910년 8월 폐간될 때까지 주필로서 활동했다.

『대한매일신보』 논설기자로 발탁된 장도빈은 와병 중이던 신채호 주필을 대신해 많은 논설을 집필했다. 1909년에는 신채호와 일주일씩 교대로 논설을 쓸 정도로 인정을 받았다. 그는 「일인하지日人何知」·「금일 대한국민의 목적지」·「민족경쟁의 최후승리」 등 논설을 1910년까지 집필·게재하면서 애국계몽운동에 적극 앞장서며 매서운 항일 필봉의 본보기를 보여주었다.

본래 『대한매일신보』는 을사늑약 직전에 고종의 후원을 받아 영국인 베델E. T. Bethel이 앞장 서 설립한 신문이었다. 출발 당시부터 독립투쟁을 목적으로 필봉을 휘둘렀기에 세간의 이목을 집중시켰다. 당시는 일본이 러일전쟁에서 승리하고 포츠머스조약의 폭력을 마음대로 휘둘던 시대였다. 실제 경영은 양기탁이 맡았으나 베델이 발행인이 되어 사장으로 있으면서 치외법권을 적절히 활용했다. 『대한매일신보』는 국한문·국문·영문의 삼종으로 신문을 발행하였다. 일반인에게는 국한문신문, 외국인에게는 영문신문을 배부했다. 국한문신문이 가장 많은 독자를 확보하여 대개 독자가 수만 명이었고, 국문신문 독자가 약 6천여 명, 영문신문은 우리나라 주재 외국인 또는 외국 각처로 보냈다. 『대한매일신보』는 내외국인의 대환영을 받아 한국인은 마치 성경을 읽듯 존숭·애독하였다. 외국인들도 이 신문을 읽고 일본의 침략상황을 명확히 알게 되었다. 『대한매일신보』는 일본의 한국침략상황을 세계에 공포하는 동시에 한국동포의 독립사상을 대대적으로 고취하여 커다란 효과를 거두었다.

베델

양기탁

반면에 통감부를 위시하여 일본인들의 『대한매일신보』에 대한 질시도 적지 않았다. 양기탁을 여러 번 잡아 가두어 재판에 넘겨 실형을 받

지금의 종로구 수송동 연합통신사 부근에 세워진 대한매일신보사 창간 사옥 표지석

게 하는 동시에 신문사 사장직도 베델의 친구인 만함A. W. Marnham에게 넘어갔다. 이때 『황성신문』 등 한국인이 경영하는 독립사상을 고취하는 신문은 일본 경찰의 압박을 받아 간섭이 심했다. 『대한신문』은 매국대신 이완용의 내각 기관지로 부일 매국을 주장하여 『대한매일신보』의 강력한 적대 세력이었다. 『국민신문』도 매국집단 일진회의 기관지로 한일합병을 주장하며 『대한매일신보』와 대척점에 있었다.

『대한매일신보』는 홀로 적극적 항일의 필봉을 휘두르며 일본의 침략 야욕에 맞섰다. 그 신문을 움직이는 인물들에 대한 일본의 감시·위협이 드세질 수밖에 없는 이유였다. 장도빈은 신채호가 병고로 눕자 잠시나마 주필로 활동하였다. 장도빈이 논설을 쓰고 혹은 기사를 쓰는 중에도 여러 번 압수를 당했다. 이후 항상 일본 관리의 감시를 받았다. 일제는 신채호의 감시는 물론 편집국장으로 있던 최익崔益에게도 가끔 봉변을 주었다.

장도빈과 더불어 『대한매일신보』에 몸 담았던 양기탁·박은식·신채호 등은 아무런 조건 없이 국권수호에 몸을 던진 선각자들이었다. 이들은 지사적 순결주의·도덕주의·순교주의까지 지닌 세계 언론사에서 유례를 찾기 힘든 인물임에 틀림없다. 나아가 항일구국운동가, 정론正論 언론인, 바른 역사학자라는 일체성 역시 이들에게 발견되는 공통점이었다. 이는 『대한매일신보』의 언론사적 무게를 짐작하게 한다.

신민회에서 항일운동을 펼치다

한편 당시 장도빈에게 중요한 활동 중 또 하나는 신민회 활동이었다. "내가 대한매일신보사에 있을 때에 정치적으로 중요한 일은 신민회의 활동이다"라는 회고에서도 잘 드러난다. 신민회는 대한자강회·대한협회와 더불어 한말의 대표적인 전국 규모의 정치사회단체였다. 대한자강회·대한협회가 합법단체였던 것과는 달리 철저한 비밀결사였다. 또한 민족운동의 맥락에서 보면, 신민회는 독립협회운동을 계승한 개화자강계열 단체로서 대한자강회와 서북학회 등에 소속된 애국계몽운동가들이 집결한 구국민족운동단체로 규정할 수 있다.

창립 과정은 재미 애국지사들 구국단체 결성의 의지에서 시작되었다. 인창호·이상·임준기林俊基 등은 1906년 말에서 1907년 초, 미국 캘리포니아주에서 조국의 국권회복을 목적으로 하는 대한신민회 창립을 발의

하였다. 이 단체를 본국에서도 조직하기 위해 안창호를 본국에 파견하면서 신민회가 태어나게 되었다.

신민회 가입은 양기탁의 소개로 이루어졌다. 신민회의 경험은 후일 장도빈의 삶에 지대한 영향을 끼쳤다. 그는 "나는 신문사를 떠난 후에 무슨 사업을 하더라도 신민회의 정신적 중심을 가지고 있었다. 이리하여 해방 전까지 40년을 계속하였다"라는 고백을 했다. 장도빈의 삶에 신민회 정신이 무엇이었는지 알게 해 주는 부분이다. 신민회의 정신을 잘 보여주는 「대한신민회취지문」은 다음과 같다.

> …… 신민회는 무엇을 위하여 일어남이뇨? 민습의 완부頑腐에 신사상이 시급하며 민습의 우미愚迷에 신교육이 시급하며, 열심의 냉각冷却에 신제창이 시급하며, 원기의 모패耗敗에 신수양新袖養이 시급하며, 도덕의 타락에 신윤리가 시급하며, 문화의 쇠퇴에 신학술이 시급하며, 실업의 조췌凋悴에 신규범이 시급하며, 정치의 패부敗腐에 신개혁이 시급이라. 천창만공天滄萬孔에 신新을 대待치 않은 바 없도다.
>
> …… 범凡 아我 한인은 내외를 막론하고 통일연합으로써 기 진로를 정하고 독립자유로써 기 목적을 세움이니 차 신민회의 발원하는 바며 신민회의 회포懷抱하는 소이이니, 약언略言하면 오직 신정신을 환성喚醒하여 신단체를 조직한 후 신국新國을 건설할 뿐이다.
>
> 오호, 천도天道가 신新치 않으면 만물이 생生치 못하며 인사人事가 신치 않으면 만사 이루지 못하나니, 아 오매寤寐 간에 잊지 못하는 대한이여, 아 사생死生 간에 버릴 수 없는 대한이여, 아我가 민을 새롭지 않으면 누가 아

我 대한을 사랑하며 아가 민을 새롭지 않으면 누가 아 대한을 보호하겠는가. 래來하라. 아 대한신민이여, 아 대한신민이여. 형극험조荊棘險阻에도 유진무퇴有進無退할 것이요, 조차원패造次顚沛에도 진추후계前趨後繼하야 본회를 위하여 헌신할지어다. 본회는 국민의 일신단체一新團體이므로써 본회에 헌신하는 자 즉 본국에 헌신함이라.

…… 과거 사천재四千載 구한국의 말년 망국혼를 작作하려는가. 장래 억만세 신한국이 초년初年 흥국민興國民을 작하려는가. 하何를 버리고 하를 취取하며 어느 것을 버리고 어느 것을 따르려 하는가. 래來하라. 아 대한신민이여!

사상이나 교육, 윤리나 학술, 규범이나 개혁 등의 모든 면에 새로운 변화를 요구하고 있다. 한마디로 새로운 정신을 깨우쳐 새로운 단체를 조직한 후 새로운 나라를 건설하자는 것이 신민회의 외침이었다. 이러한 신민회의 뜻은 후일 장도빈의 삶에 진취적이고 적극적인 중요한 동력이 된다.

신민회를 주도한 인물들의 중심에는 언론종사자들이 많았다. 장도빈 역시 『대한매일신보』 시절 양기탁을 통해 신민회에 들어갔다. 당시 신민회의 창립 활동을 주도한 중심인물을 보면 사회 각계각층의 애국계몽 세력이 총망라되어있다. 장도빈과 더불어 양기탁·신채호·박은식·장지연·임치정·옥관빈 등 대한매일신보사와 황성신문사에 종사했던 언론계 인사들이 가장 먼저 눈에 띈다. 둘째로 윤치호·전덕기·이상재·이동녕·이준·조성환·최병헌·김정식·김구 등 기독교청년회와 상동교

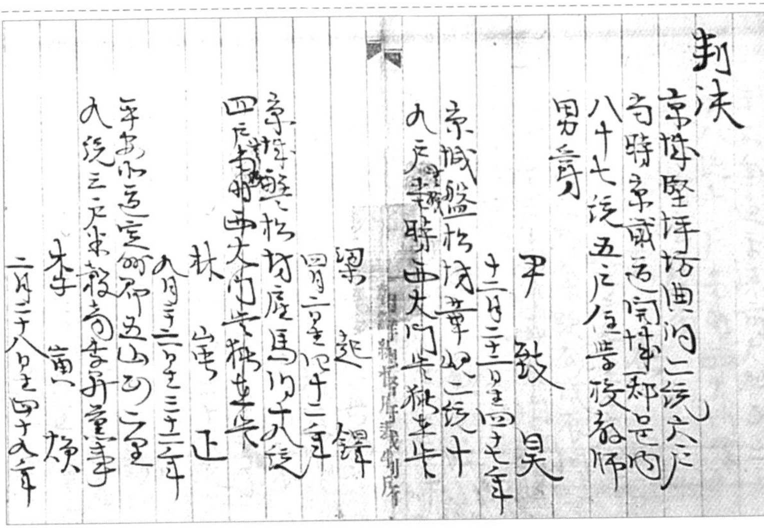

判決

신민회사건 판결문

회·상동청년학원 등에 관계한 기독교계 인사들이었다. 셋째로 안창호·윤치호·이종호·이승훈·김구·최광옥·이동녕·안태국·전덕기 등 학교 설립자와 교장·교사 등 교육계 인사였다. 넷째로 이승훈·안태국·이종호·최용두·양준명 등 주로 서북지방에서 상공업에 종사했던 실업계 인사들이었다. 다섯째로 이동휘·이갑·유동열·노백린·조성환·김희선 등 무관 출신자들이 신민회의 중심인물이었다.

당시 신민회는 계몽운동을 중심으로 독립사상의 고취, 국민역량의 배양, 청소년 교육, 상공업의 진흥을 통한 자체의 실력양성 등을 위주로 적극적인 민족운동을 전개하고 있었다. 이에 일제에 의해 가장 큰 감시 대상이 되었던 집단 역시 신민회였다. 마침내 일제는 1911년 무단통치

일환으로 민족운동을 탄압하기 위해 데라우치 마사타케寺內正毅 총독의 암살미수사건을 확대·조작하여 애국계몽운동가들을 투옥한 사건을 일으켰다. 105인사건이 그것이다.

일제는 데라우치 총독을 암살하려 했다는 서북지방의 풍문을 조사하던 중 점차 총독암살기도가 실제로 추진되었다는 단서를 잡았다. 그 결과 평양 선천·정주 등 기독교 학교의 교사와 학생들이 총독을 암살하려 했다는 정보를 입수했다고 조작하였다. 조작한 각본에 따르면, 1910년 8월 이래 서울 신민회 본부의 지휘하에 5차례에 걸쳐 총독모살계획이 서북지방의 기독교도를 중심으로 진행되었다. 이에 따라 평양·선천·정주 등 9개 도시에서 이 일에 필요한 자금과 무기를 구입하는 등 준비 작업을 진행시켰다. 1910년 11월 27일부터 12월 2일 사이에 압록강 철교 개통식에 참석하기 위해 경의선 열차편으로 총독 데라우치가 서북지방에 오자 그를 암살하려고 각기 준비한 단총短銃을 지참하고 각 지방의 역으로 나갔다는 각본이었다.

실제로 암살행위는 없었으나 일제는 이 사건이 암살미수죄에 해당한다고 혐의를 뒤집어씌웠다. 이에 따라 총독암살미수사건으로 1911년 9월부터 윤치호를 비롯하여 양기탁·임치정·이승훈·유동열·안태국 등 전국적으로 600여 명이 검거되었다. 일제는 피의자들에게 각본에 따른 진술을 강요하면서 가혹한 고문을 통해 허위자백을 받아내고 혐의사실을 그대로 인정하게 했다. 결국 105인사건에 대한 재판은 제1심 공판이 시작된 이래 5차에 걸쳐 진행되었다. 105명에 대하여 검사 측이 구형한 형량을 그대로 적용하여 징역 5~10년의 유죄판결을 내렸다. 유죄판결을 받은 105명은 모두 고등법원에 항소하여, 주모자로 주목된 윤치호 외 5명을 제외한 99명이 무죄판결을 받았다. 결국 1913년 7월 15일 대구복심법원에서 윤치호 등 6명에게만 징역 5~6년 형을 선고했다. 일제는 이 사건을 통해 신민회의 실체를 파악하고 해체시키는 등 비밀항일단체를 제거하였다. 이 사건에 연루되었던 많은 운동가들이 해외로 망명하여 항일독립운동에 가담하게 되면서 이후 민족해방운동의 범위를 확대시켰다. 장도빈 역시 당시 상황을 다음과 같이 회고했다.

> 얼마 아니하여 양씨(양기탁)와 임치정·이승훈·안태국·주진수씨 등이 일본 경찰에 잡혀서, 이재명의 배후인물 또는 서간도에 무관학교를 세우기로 하였다는 혐의로 고문을 받고, 징역 2년에 처형되어 복역하는 중에, 또 105인사건으로 6년 징역을 받았다. 이때에 일본인이 한국독립운동자, 더욱 신민회를 미워하여 소위 105인사건으로 6백여 명을 잡아가두고 데라우치寺內 총독 암살을 음모하였다고 거짓말로 악형 고문하여 마침내 105인이 징역하였는데, 그들 대부분이 신민회원이었다. 이리하여 신민회가 큰 타격을 당하였으나, 남은 회원들이 대개 외국으로 망명하여 독립운동을 계속하였다.

주경야독으로 역사연구에 매진하다

대한매일신보사 시절의 장도빈에게 또 하나의 중요한 일은 공부였다. 장도빈은 1910년 일제강점으로 신문사의 명맥이 끊어질 때까지 보성전문학교 법과를 다녔다. 당시 보성전문학교 터는 후일 각황사覺皇寺(현 조계사)로 자리잡은 수송동에 있었다. 공교롭게도 그 터는 『단조사고檀祖事攷』를 정리하고 민족주의사학의 교두보를 마련한 김교헌金教獻과 연관된 곳이다. 한말 관료였던 이용익李容翊은 1905년에 러시아어학을 가르치던 아어학교俄語學校 터에 보성전문학교를 설립하였다. 이듬해에는 사립보성중학교를 설립하면서 김교헌 가택을 사들여 교사를 넓히며 학교의 터를 마련했다.

당시 장도빈은 비록 법과를 다녔지만 국사에 대한 관심이 남달랐다. 그는 국사의 중요성에 눈떴음을 고백하였다.

> 특히 그 시대의 우리 학문연구는 국사이었다. 내가 그 시대에 보성전문학교(고려대학)의 법과를 졸업하였으나, 세사世事가 위변危變하여 망국에 처하므로 우리는 학문연구의 포포를 돌려 국사를 연구하게 되었다. 그는 곧 우리나라가 망한 후에 독립을 회복하려면, 우리 국사를 잘 연구·선전함이 필요하다고 생각한 때문이었다. 나는 국사연구의 일단을 가끔 신문에 발표하였다. 그때 신채호씨는 유명한 국사학자로 훌륭한 연구와 저술이 있었지만, 우리의 국사연구는 신씨와 대동소이한 것으로, 약간의 이견이 있었을 뿐이었다. 내가 하루는 소격동 여관에서 밥을 먹고 일찍이 신문사(그때 대한매일신보사는 태평로 좌측에 있었다)로 오는 길에, 육조六曹 앞에 와서 법부法部의 문패門碑가 떨어진 것을 보고 눈물을 금치 못하였다. 나라가 날마다 망해가는 판에 어제는 군부軍部가 없어지고 오늘은 법부마저 없어지니, 나라가 아주 없어질 날도 멀지 아니한 것을 넉넉히 알 수 있었다.

나는 국사연구에 진력하기를 시작하였는데, 그것이 50여 년을 계속한 나의 국사연구의 초보이었다.

그는 국사에 대한 관심이 망국으로 치닫는 시대적 분위기와 맞물리고 있음을 밝혔다. 조정朝廷이 하나하나 무너져 가는 모습을 목도하면서, 그의 50년 국사연구는 발걸음을 내디뎠다. 망국 후 독립을 위한 조건으로서도 국사연구와 선전의 필요성을 강조하였다. 해방 후 고백한 또 다른 글에 "우리 법부가 없어진 것을 목격한 나는 망국의 비통을 참을 수 없었다. 나는 이에 나라가 이미 망하게 되었으니 법학의 연구보다 국사를 연구하여 우리 민족의 조국정신을 살려야 된다고 생각하였다. 나는 법과를 졸업하였으나 국사를 연구하기로 전력하게 되었다"고 언급한 것에도 동일한 인식이 나타난다.

당시 『황성신문』이나 『대한매일신보』와 같은 언론을 통해 역사의식은 고양되었다. 단군을 앞장세운 대종교 성립은 역사의식 고양에 중요한 도화선이었다. 대종교는 을사늑약 직후부터 준비되어 1909년에 성립된 민족종교였다. 교리는 단군 이래 고유종교에 대한 부활을 표방하였고, 단군을 중심으로 한 독특한 국사 체계를 제시함으로써 역사서술에 적지 않은 영향을 미쳤다. 이러한 대종교라는 종교 형태를 역사학과 연결시킨 인물이 바로 신채호였다.

신채호는 『독사신론讀史新論』(1908)을 통하여 민족주의사학의 첫걸음을 디뎠다. 그는 당시 식민사관을 바탕으로 편찬된 역사교과서를 비판하고 민족 정통성과 자부심을 일깨우기 위해 이 책을 집필했다. 『독사신론』은 근대 민족주의사학의 초석을 다진 글로 왕조가 아닌 민족 중심으로 역사를 서술한 진보적 논설로 평가받고 있다. 나아가 중국에서 흘러온 기자조선을 정통에서 몰아내고 한민족이 단군의 후예임을 낭당하게 밝힌 글이다.

본문 내용을 보면, 제1장 단군시대, 제2장 부여왕조와 기자(부론附論을 첨가함), 제3장 부여족 대발달시대, 제4장 동명성왕의 공덕, 제5장 신라, 제6장 신라·백제와 일본의 관계, 제7장 선비족·지나족支那族과 고구려, 제8장 삼국흥망의 이철異轍, 제9장 김춘추의 공죄功罪, 제10장 발해의 존망이라는 순서로 구성되었다. 물론 이 글은 미완성으로 후일 신채호 스스로 「조선상고사총론」을 통하여 부족함이 많다고 고백하고 있으나, 우리 민족 4천 년간의 민족사는 부여족 소장 성쇠의 역사라 하여 부여족을 주족主族으로 인식했다는 점에 의미가 크다. 이는 부여족이 살았던 만주를 한민족의 영토화하는 동시에 현실적인 외세의 침략에 대한 자긍 의지를 뚜렷이 하기 위함이었다.

특히 신채호가 1910년 3월에 발표한 「동국고대선교고東國古代仙敎考」는 중국의 유교적 사고로부터 완전히 벗어난 신채호의 자주정신을 그대로 보여주었다. 신채호 역사정신의 핵이라 할 수 있는 낭가사상郎家思想의 근간을 여기에서 확인할 수 있기 때문이다. 사실 그는 한국 고대선교古代仙敎에 대해 불로장수를 추구하는 중국종교의 아류亞流로 공박했던 인물이다. 그러던 그가 「동국고대선교고」를 통하여 중국 도교와는 전혀 성격이 다른 우리 민족 고유의 선교가 이미 도교 수입 이전부터 형성되어, 우리 민족신앙의 중요한 줄기가 되었다고 인식함으로써 의식의 중대한

독ᄉᆞ신론 一片丹生 저술 (속二)

고뎌의 완젼치못ᄒᆞᆫ 력ᄉᆞ라도 이것을 즈져히궁구ᄒᆞ면 ᄲᅮᆨ국에 쥬족되ᄂᆞᆫ 단군후예의 발달ᄒᆞᆫ실ᄃᆡ이 소ᄉᆞᄒᆞ거ᄂᆞᆯ 무ᄉᆞᆷ연고로 우리의 선인을 속임이 이에니르ᄂᆞ뇨 금일의 민족쥬의로 전국의 완고ᄒᆞᆫ 상ᄉᆞ을 ᄭᆡ워니르키며 국가관념으로 쳥년의 ᄉᆡ뇌두를 련단ᄒᆞ야 지어 우승렬패ᄒᆞᄂᆞᆫ 십즈가두에 아울너 나아가 한실낫만큼 보존ᄒᆞ여잇ᄂᆞᆫ 국맥을 보유코져ᄒᆞᆯ진ᄃᆡ 력ᄉᆞ를놋코ᄂᆞᆫ 다른쇠가 업다ᄒᆞᆯ지나 이ᄀᆞᆺ흔 력ᄉᆞ의 죵류로ᄡᅥ 력ᄉᆞ라ᄒᆞᆯ진ᄃᆡ 력ᄉᆞ가 업슴만ᄀᆞᆺ지못ᄒᆞ도다

력ᄉᆞ의 붓을잡은자ᄂᆞᆫ 반다시 그나라의 쥬인되ᄂᆞᆫ 한죵족을 몬져발현ᄒᆞ야 일노ᄡᅥ 쥬뎨를삼은후에 그졍치ᄂᆞᆫ 엇더케 쟝이ᄒᆞ엿스며 그실업은 엇더케 챵락ᄒᆞ엿스며 그무공은 엇더케 진퇴ᄒᆞ엿스며 그습속은 엇더케 변천ᄒᆞ엿스며 그밧게셔 들어오ᄂᆞᆫ 각죵족을엇더케 잇그러 들엿스며 그타방 이국을 엇더케교섭ᄒᆞᆫ을 서술ᄒᆞ여야 어시호 력ᄉᆞ라니를지니 만일그러치 아니ᄒᆞ면 이ᄂᆞᆫ무졍신의력ᄉᆞ라 무졍신의 력ᄉᆞᄂᆞᆫ 무졍신의 민족을 산출ᄒᆞ며 무졍신의 국가를 짓ᄂᆞ니 엇지두렵지 아니ᄒᆞ리오

대뎌 우리나라의 구ᄉᆞ가ᄒᆡ다히 잔결ᄒᆞ며 허다히망ᄒᆞ엿ᄂᆞ니 이것을 일졔히 ᄲᅡ거 바리고 시력ᄉᆞ를 찬술ᄒᆞ랴ᄒᆞᆯ진ᄃᆡ 대一은 불국문헌에 속ᄒᆞᆫ 죠ᄉᆞ와 야승을 다모도아 죠각비ᄂᆞᆯ과 쇠잔ᄒᆞᆫ간옷의 지료를 ᄭᅳ리지며 대二ᄂᆞᆫ 쇄불파것흔 문을들어 고금졍치죵쇽의 각방면을 졍제히 관찰ᄒᆞᆫ연후에 부티를가히 나렬지니 이ᄂᆞᆫ력ᄉᆞ하에 젼문 지식이잇ᄂᆞᆫ 놉흔지죠와 넓은 학문이잇ᄉᆞᆯ지라도 十여년의 긴세월을 요구ᄒᆞᆯ비니 오호라 진실로 어려울진뎌

니가 아동력ᄉᆞ의 로망ᄒᆞᆷ을 슯히ᄒᆞᆫ식ᄒᆞ야 지죠와 학문의 공소ᄒᆞᆷ을도라보지안코 찬술ᄒᆞ기에권ᄒᆞ나 진이필몰에여가ᄒᆞ심히적은ᄲᅮᆫ더러 넷ᄉᆞ져와 제친군의 수쇠파 취집ᄒᆞ기가심히어려와 한가지의 ᄶᆞ른 붓뎌로 쥬져ᄒᆞ고 홍감ᄒᆞᆯᄯᆞ름이러니 날ᄒᆞ이 시국풍조의 변천ᄒᆞᆷ을ᄯᆞ라 나의뇌두의 씹니고 격동됨이더욱 심ᄒᆞ도다

그런즉 니가 효ᄒᆞ히두려워ᄒᆞᄂᆞᆫ 도를죠김은 아니나 또한엇지 효ᄒᆞ히두려워ᄒᆞᄂᆞᆫ 일홈을피ᄒᆞ리오

그러나 현금 사소ᄒᆞᆫ문견파 사소ᄒᆞᆫ연구로 거연히작자로 ᄉᆞᄉᆞ로 명ᄒᆞᆷ은 불가ᄒᆞᆯᄲᅮᆫ더러 또그시비 듀심도즈단ᄒᆞ기 어려와 ᄉᆞ긔를 넒ᄂᆞᆫ여가에 수감수록ᄒᆞᆫ바를 들어 히니동지의게 질변코자ᄒᆞ노라

이것이 졍연히죠저ᄒᆞᆫ 한 학셜도아니며 찬녀히지졍ᄒᆞᆫ 한력ᄉᆞ도 아니오 다만 이감촉되ᄂᆞᆫ바를 외지ᄒᆞ야 복잡ᄒᆞ게 ᄡᅥ셔 너인바이나 그외론흔바의 범위가우리 민족발달의 상뎨에 버셔나지아니ᄒᆞ야 민족에 큰화복을 비져닉인ᄉᆞ실이 아니면 들지아니ᄒᆞ며 민족에 큰리해를 ᄭᅵ친인물이아니면 외론치 아니ᄒᆞ나 일명ᄒᆞᆫ됴리ᄂᆞᆫ 업ᄉᆞ나 일관ᄒᆞᆫ 졍신은 잇ᄉᆞ니

오호라 목자뎨군은 외리에 어그러진바잇거든 불ᄂᆞ치며 표명ᄒᆞ기를더ᄒᆞ며 못다에 그릇ᄒᆞᆫ바잇거든 비평을쥬고 ᄯᅩᄒᆞᆫ 상고ᄒᆞ며 빙거ᄒᆞ기에가합ᄒᆞᆫ 진서를더져 참고ᄒᆞ노ᄃᆡ 져죄케ᄒᆞ면 이글의완셩한 쉬울ᄲᅮᆫ 아니라 여러사ᄅᆞᆷ의 아ᄂᆞᆫ것과 여러사ᄅᆞᆷ의 힘을합ᄒᆞ야 죠국력ᄉᆞ의 미몰ᄒᆞᆫ 광명을 다시발ᄒᆞ리니 이ᄂᆞᆫ져자외구ᄒᆞ히 졀망ᄒᆞᄂᆞᆫ비로다

◎孫氏의雄略

만쳥졍부를 면복ᄒᆞ고 즁화 임대공화국을 세우겟다ᄂᆞᆫ 세계위인 손일션씨ᄂᆞᆫ 월젼에 하와이에서 일본으

『신한국보』 1910년 9월 6일자 「독사신론」. 신채호가 일편단생(一片丹生)이라는 필명으로 실었다.

변화를 초래하였다. 그는 이 글에서 과거 유교정신의 잔재를 청산하고 우리 고유의 사상을 바탕으로 한 역사의식의 변화를 극명하게 보여주었다. 그러므로 1910년대 이후 신채호의 역사연구는 거의 대부분을 선교의 실체를 연구하는데 두었다고 해도 과언이 아니다. 이러한 사상적 바탕 위에서 대륙적 인식과 문화사의 지평을 넓혀 나갔다.

주목되는 것은 "그때 신채호씨는 유명한 국사학자로 훌륭한 연구와 저술이 있었지만, 우리의 국사연구는 신씨와 대동소이한 것으로 약간의 이견이 있었을 뿐이었다"는 고백과 같이, 장도빈의 국사에 대한 관심이 신채호의 영향이었음을 암시한 점이다. 특히 『독사신론』의 영향을 받았을 가능성이 매우 크다. 『독사신론』은 신채호가 29세라는 젊은 나이에 저술한 신문 연재물이었다. 즉 장도빈이 대한매일신보사에 입사했던 그 해 『대한매일신보』 8월 27일자부터 12월 13일자까지 연재된 글이었다. 이러한 정황은 장도빈이 『독사신론』 내용을 충분히 숙지했음을 알게 해 주며, 동시에 그가 본격적으로 역사연구에 관심을 갖게 된 동기로도 작용했음을 짐작하게 한다. 장도빈 스스로 말한 "그것이 50여 년을 계속한 나의 국사연구의 초보이었다"라는 고백과도 연결된다. 따라서 『독사신론』에 나타나는 역사인식의 핵심을 살펴보는 것도 장도빈의 역사인식에 대한 이해를 위해 필요한 부분이라 할 수 있다. 언급한 바와 같이 장도빈의 역사연구에 눈을 뜨게 한 글이 『독사신론』일 가능성이 농후하기 때문이다.

먼저 『독사신론』에서는 "국가의 역사는 민족의 소장성쇠消長盛衰의 상태를 서술하는 것이며, 영토의 득실을 논하는 것은 아니다"고 했다. 즉 국가주의·민족주의 입장에서 역사를 보고 있다. 국사란 국가의 역사로서 국가가 민족에 의해 성립된 유기체이므로 민족사가 곧 국사인 것으로 파악하였다. 그러므로 국가의 주권을 행사한 주족에 대해 깊은 관심을 드러내고 있다.

『독사신론』은 4,000년간의 민족사에서 부여족을 주족으로 간주하면서, 단군시대부터 발해의 멸망에 이르기까지를 부여족의 활동과 다른 민족과의 교섭 과정으로서 인식하고자 하였다. 단군의 정통이 부여로, 그 다음에는 고구려·백제·신라·가야로 계승되며, 종래에 중시되던 기자·위만·한사군은 부여족의 역사에 부속시켜 서술하였다. 그동안 역사의 정통론으로 주장되던 '기자조선에서 마한 또는 삼한으로 계승된다'

는 고대사 인식 체계가 뒤집어지게 되었다. 나아가 김유신·김춘추·김부식의 공죄功罪를 논함으로써 과거 긍정적으로만 평가되던 삼국통일의 역사적 의의를 본격적으로 비판했다. 이것은 한국의 고대사를 반도 중심으로 보았던 종래의 역사인식 체계를 만주 중심과 단군·부여족 중심으로 본 필연적 결과에서 비롯되었다

청년기의 장도빈은 대한매일신보사에 몸담으면서 우국의 필봉을 휘두른다. 또한 신민회라는 비밀조직에 가담하면서 나라사랑의 좌표를 설정하였다. 그 이념과 지취旨趣에 의해 삶의 방향을 다잡아갔다. 특히 그의 국사연구에 대한 계기와 역사인식 방향 역시 다져졌다.

민족교육으로 민족정신을 일깨우다 04

오성학교에서 교편을 잡다

장도빈이 몸담고 있던 대한매일신보사는 영국인을 발행인으로 하고 있었기에 일제와 정부의 신문탄압에서 항시 벗어날 수 있었다. 따라서 일제의 국권침탈과 친일정권의 무능과 부패를 거리낌 없이 비판하였다. 통감 이토 히로부미가 1907년 초 일본에서 행한 연설은 『대한매일신보』의 언론사상 위치를 가늠할 수 있는 부분이다.

> 현금 한국에서 발행하는 일一 외국인의 매일보는 확증이 유한 일본의 제반 악정을 반대하여 한인을 선동함이 연속불절連續不絶하므로, 차此에 관한 기회에 취就하여는 통감이 난가수책難可受責이로다.

『대한매일신보』는 가장 반일적인 신문이라고 지적할 만큼 일제의 한국침탈을 비판하였다. 일제가 베델의 추방작업을 1906년 7월부터 시작하였던 것도 그러한 이유에서였다. 특히 『대한매일신보』는 의병활동에 대해 다른 신문들에 비하여 매우 호의적이었다. 의병투쟁이 국권회복을 위하여 현실적이지 않다는 이유로 매우 비판적이었던 『황성신문』이나 『제국신문』과는 사뭇 달랐다.

통감부는 『대한매일신보』의 국권회복운동을 방해하기 위해 베델의 추방을 계속 추구하였다. 베델은 1908년 6월 영국 고등법원에서 3주간의 금고禁錮와 보증금의 납부라는 판결을 받아 중국 상하이上海로 가서 금고형을 치렀다. 베델은 이 일로 건강이 악화되어 1909년 5월 사망하고 말았다. 또 통감부는 1908년 7월 양기탁을 국채보상금의 횡령혐의로 구속하였으나, 영국정부의 항의로 9월에 석방되었다. 베델은 1908년 5월부터 그의 비서 만함에게 그 경영을 맡겼으나, 그는 베델이 죽은 후 통감부의 회유로 1910년 6월 신문사를 이장훈에게 인계하고 말았다. 1910년 8월 29일 국권을 일제에 빼앗기자 『대한매일신보』는 조선총독부의 기관지 『매일신보』로 제호가 바뀌어 계속 간행되었다.

장도빈에게 『대한매일신보』 폐간은 일대 충격이었다. 3년 동안 몸을 담고 언론인으로, 사학도로 성장하며 애국심을 키우던 곳이 대한매일신보사였기 때문이다. 더욱이 장도빈의 삶에 중요한 지취志趣가 되었던 신민회 활동의 인연 역시 이 시기에 이루어졌다. 울분 속에 나날을 보내던 장도빈은 주변 동지들의 권유로 오성학교五星學校와 인연을 맺게 되었다. 장도빈은 그때의 정황을 이렇게 회고한다.

1910년 8월에 한국은 마침내 일본에게 멸망당하였다. 단군 건국 4천여 년에 처음으로 망국을 당한 우리 민족은, 분개한 마음을 참지 못하는 중에 일본총독부의 악정은 우리 민족의 생활과 자유를 모두 박탈하였다. 나는 서울에서 망국 전후의 상황을 보고 통탄을 금치 못하는 중에 동지들의 권유로 오성학교에 들어갔다. 오성학교는 본래 서북학회에서 세운 학교로, 협성학교라 칭하였으나, 망국 후에 일본인이 서북학회를 해산시키는 한편 협성학교의 명칭을 고쳐, 오성학교 학감으로 취임하여 청소년교육에 헌신키로 하여, 모든 방면으로 개선을 힘쓰는 한편 학도의 교양은 애국자 육성으로 목표를 삼았다. 나는 학도들의 정직, 용감성을 찬미하고 반드시 독립운동의 선구자가 될 인재들을 기를 수 있다고 확신하였다. 과연 이 학교의 출신인 최팔용·한위건·김도원이 3·1운동의 선구자가 되었고, 지금 서울에 있는 이원철 박사·박시창 소장도 이 학교 출신이다. 그러나 이 학교는 설립 당시부터 독립운동의 정신으로 시작되어, 끝까지 이 주의로 맹진하기 때문에 일본인은 매우 싫어하여 마침내 총독부에서 오성학교를 폐지하였다.

장도빈은 일제에 의한 망국을 단군 건국 이래 초유의 일이라고 분개했다. 오성학교 학감으로 부임하여 애국자 양성을 목표로 한 이유 역시 이러한 분개에 대한 저항이었다. 최팔용·한위건·김도원과 같은 항일투사들이 배출된 것도 우연이 아닌 듯하다. 3·1운동 이후 광복단 활동을 하고 만주로 들어가 무장투쟁을 하다가 이기춘·김서순·김원호·김이태 등 22명 더불어 일경에 의해 체포·피살된 후 투강投江된 김의현 역시 오성학교 출신이었다. 장도빈이 오성학교 출신으로 기억한 바시창은 박은

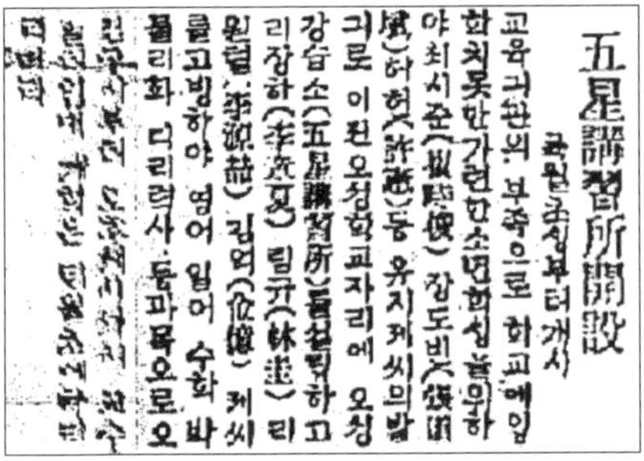

五星講習所開設

[illegible]

교육긔관의 부족으로 학교에입
학치못한가련한소년학생을위하
야최시준(崔時俊) 장도빈(張道
斌)허헌(許憲)등 유지졔씨의발
긔로 이전오셩학교자리에 오셩
강습소(五星講習所)를설립하고
리장하(李章夏) 림규(林圭) 리
[illegible] 김억(金億) 졔씨
를고빙하야 영어 일어 수학 바
풀리화 디리력사 등과목으로 오
[illegible]

오성강습소(『동아일보』 1921년 5월 31일)

식의 양자로, 박은식 역시 오성학교의 전신인 서우사범학교西友師範學校의 초대 교장을 역임했다. 당시 박은식과 더불어 김달하는 교감을 맡았으며, 주시경도 교사로 참여하였다.

이렇듯 오성학교 설립 배경에는 국권회복의 의지가 뚜렷이 나타난다. 즉 1906년 평안남북도와 황해도 출신의 지식인들을 중심으로 만들어진 서우학회가 국권회복과 인권의 신장을 위해 교육진흥운동을 활발히 벌였다. 그러한 운동의 일환으로 설립한 학교가 서우사범학교이다. 이후 1907년 11월 서우학교로 개편했고, 1908년 1월 서우학회와 한북흥학회가 통합되어 서북학회가 조직되었다. 서우학교는 한북흥학회가 설립한 한북의숙과 통합하면서 서북협성학교로 개칭되었다가 일제의 감시와 탄압 속에서 1910년 오성학교로 개명하였다. 후일 오성학교는 항일 성향으로 인해 감시를 당하다가 1918년 강제 폐교되었으나 1921년 오성강습소로 다시 개교하여 1922년 협성학교로 재건되었다.

그러므로 서우사범학교→서우학교→서북협성학교→오성학교로 이어지는 학풍에는 늘 국권회복이나 항일투쟁의 정신이 깔려 있었다. 참여한 교사진들을 보더라도 애국지사들의 집합소와 같은 이미지가 그대로 드러난다. 앞에서 언급한 박은식·김달하·주시경 외에도 백야 김

오성학교의 모대인 서북학회 터의 근처(지금의 낙원상가 앞 삼일로변)에 설치된 표지석

좌진은 1909년 서북학회에 참여하면서 산하교육기관인 서북협성학교의 교감을 역임하였다. 안중근의 동생 안공근 역시 오성학교의 교사 생활을 하면서 모친 조마리아 여사와 안중근의 처자와 함께 생활하고 있었다. 또한 오성학교의 전신인 서북협성학교를 다닌 국어학자 이규영 역시 1917년 오성학교 국어교사를 역임한 인물이다. 특히 오성학교의 역사교사였던 최창식은 동양사 강의시간에 안중근이 이토 히로부미를 죽이고 이재명이 이완용을 찌른 사실을 학생들에게 말했다는 죄로 1년간 금고형을 받기도 했다.

장도빈 역시 오성학교에서 역사를 가르쳤다. 오성학교 재학 시절 장도빈에게 역사를 배운 박용회는 함북 종성군 주을면 온천동 소재 사립

온천학교溫泉學校 교사가 되었다. 박용회는 학생들에게 민족의식과 민족혼을 고취시키기 위한 방법으로 『조선사』와 『대조선사』 등 교재를 만들어 가르쳤는데, 이들 교재는 서울 오성학교 교사 장도빈이 기록한 것을 당시 오성학교 졸업생 박용회가 필기해 두었던 것이었다.

오성학교가 폐교된 후에도 이 학교에 대한 장도빈의 관심은 끊이지 않았다. 1921년 5월 오성학교가 오성강습소로 재출발할 때에도 최시준·허헌 등과 더불어 발기인으로 참여하였다. 오성강습소는 오성학교의 옛터에 자리 잡았으며 김억·이장하·김원철·임규 등이 교원을 맡았다. 특히 장도빈은 시인 김억과 인연도 남달라 김억이 1921년 3월 우리나라 최초의 번역시집인 『오뇌의 무도』(광익서관 간행)를 출판할 당시 시집의 서문을 쓰기도 했다.

오성학교에 재직한 기간은 2년이었다. 학감으로 교편을 잡으면서 학생들의 역사의식 고양에 남다른 열정을 기울였다. 그러나 사립학교에 대한 총독부의 간섭은 더더욱 심해져, 오성학교를 포함한 사립학교들은 중대한 위기를 맞았다. 일제에 강제로 병합된 지 1년여 만인 8월 23일 칙령 제229호로 「조선교육령」이 공포되었다. 이는 "조선인을 일본제국 신민의 자격과 품성을 갖추도록 교육할 것"을 주안으로 삼았다. 구체적으로 살펴보면, 제1조에서 조선의 모든 교육은 조선교육령에 따른다고 명시한 뒤에 다음과 같은 7개조의 강령을 제시하였다.

제1조 조선에 있어 조선인의 교육은 본령에 의한다.

제2조 교육은 '교육에 관한 칙어'의 취지에 기초하여 충량한 국민을

기르는 본의로 한다.

제3조 교육은 시세와 민도에 맞도록 이를 베푼다.

제4조 교육은 이를 크게 나누어 보통교육·실업교육·진문교육으로 한다.

제5조 교육은 보통의 지식·기능을 가르쳐 주고, 특히 국민된 성격의 함양함을 목적으로 한다.

제6조 실업교육은 농업·상업·공업에 관한 지식·기능을 가르쳐주는 것을 목적으로 한다.

제7조 전문교육은 고등한 학술과 기예技藝를 가르치는 것을 목적으로 한다.

물론 제2조에 명시된 충량한 국민을 기름을 교육본위로 한다는 것은 일제 식민정치에 충실히 복종하는 국민교육을 말하는 것이다. 따라서 일제의 시각에서는 오성학교를 포함한 우국 성향의 사립학교는 불충한 국민을 양성하는 교육기관으로 매도될 수밖에 없었다. 오성학교 역시 일제의 만행을 피해가지 못했다.

만주에서 민족교육에 노력하다

오성학교에서 물러난 장도빈은 망명의 뜻을 품게 되었다. 마침 신민회와 관련된 105인사건으로 장도빈 주변 상황도 무척이나 어수선했었다. 당시 착잡하고 초조한 심경을 그의 고백에서 찾아보자

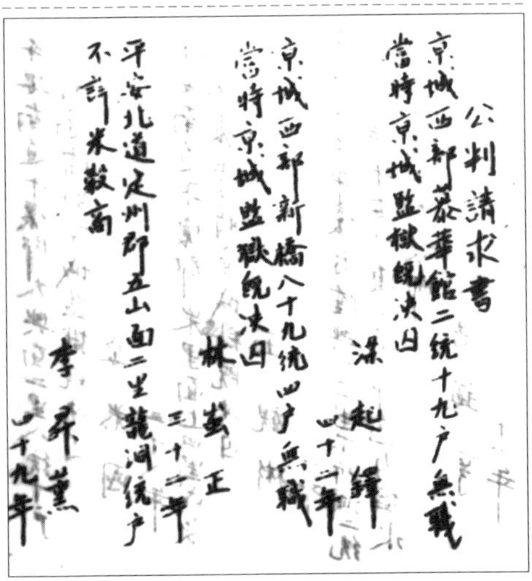
公判請求書
京城西部蓼華館二統十九戶 無職
當時京城監獄既決囚 梁起鐸 四十二年
京城西部新橋八十九統四戶 無職
當時京城監獄既決囚 林蚩正 三十二年
平安北道定州郡五山面二里龍洞統戶
不詳 米穀商 李昇薰 四十九年

105인사건 기소장

그러나 이 학교(오성학교)는 설립 당시부터 독립운동의 정신으로 시작되어, 끝까지 이 주의主義로 맹진하기 때문에 일본인은 매우 싫어하여 마침내 총독부에서 오성학교를 폐지하였다. 내가 오성학교에 있은지 2년 만에 이 학교를 떠나게 되었다. 이때 105인사건으로 신민회원의 대부분이 피검되어 혹은 옥사獄死 혹은 수형受刑하였는데, 그들 중에 우리 동지가 많이 들어 있었다.

나는 항상 불안감을 가지고 있는 중에 마침 사소한 사건으로 중부경찰서에서 나를 구속하여 일주야一晝夜를 지낸 후에 나를 돌려보내 주었다. 그리고 계속하여 나를 불러간다. 내 생각에 사소한 사건은 문제가 안 되었으나, 반드시 그 결과로 나를 괴롭게 할 것이라고 생각되었다.

마침내 장도빈은 망명의 길에 올랐다. 때는 1912년 정월로 그의 나이 25세였다. 우선 부산에서 선박을 이용하여 밀항하듯이 차호遮湖(함경남도 이원군 소재)로 들어가 면식있는 동지들을 만났다. 그곳에서 장도빈은 쌀장수로 변장하고 일본 기선을 이용하여 청진으로 옮겼다. 이주하는 촌민의 일가족으로 변장하여 회령읍에 도착한 후 일제 헌병들의 삼엄한

장도빈이 찾았던 명동학교의 모습(1918년 신축한 전경)

눈을 피하여 두만강을 건넜다. 당시 회령은 애국지사들이 북간도로 넘어가는 중요한 통로였기에 일제에 의한 경비 또한 만만치 않았다.

장도빈은 연길현 국자가局子街로 들어가 친척들이 있는 소영자小營子 마을을 찾았다. 소영자는 국자가에서 동쪽으로 10리 정도 떨어져 있는 곳이다. 때마침 그곳에는 한인 학교가 있어 재학생 100여 명에게 국사를 강의하기도 했다. 공교롭게도 이동휘가 신민회 활동 중 피체되어 유배생활을 하다가 1911년 북간도로 망명하여 광성학교를 세우고 김립·계봉우와 함께 민족교육을 실시했던 곳도 바로 소영자였다. 장도빈이 강의한 중학교가 광성학교와 동일한 곳인지는 알 수 없다. 장도빈은 소영자에서 잠시 유숙하면서 와룡동臥龍洞을 방문하기도 했다. 와룡동은 소영자 서북쪽으로 수십 리 떨어져 있는 마을로 명동중학교가 소재한 곳이나. 장도빈은 당시 명동중학교의 교장이었던 이씨李氏의 성을 가진 사람과도 인사하며 그곳에서 하루 숙박까지 했다.

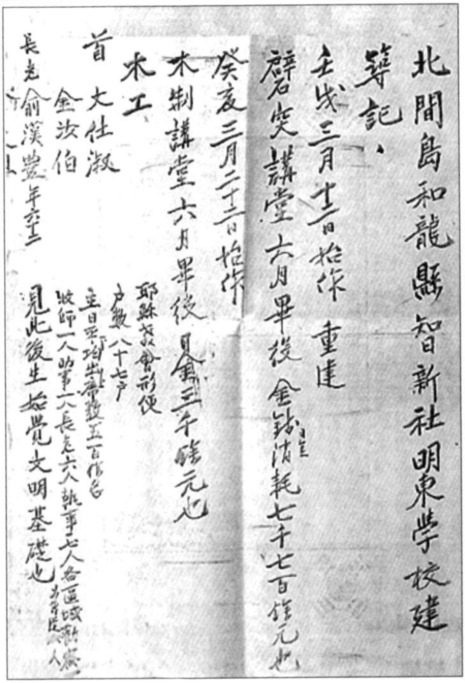

北間島和龍縣智新社明東學校建
築記、
壬戌三月十二日始作 重建
磚石講堂 六月畢役 金錢消耗七千七百餘元也
癸亥三月二十二日始作
木製講堂 六月畢役 金錢三千餘元也

「명동학교 건축기(建築記)」

본래 명동중학교는 1908년 김약연金躍淵 주도로 북만주 화룡현 명동촌에 명동서숙으로 출발한 민족교육기관이었다. 1907년 8월 이상설이 세운 서전서숙이 문을 닫게 되자 김약연 등 유지들은 서당을 그만두고 1908년 4월 27일에 신학문을 교육하는 명동서숙을 세웠다. 당시 명예숙장은 박정서(박무림), 초대숙장은 김약연, 재무는 문치정(문익환 목사의 조부)이 맡았다. 이듬해 4월에는 사립명동학교로 개칭하였고, 또 1년 뒤인 1910년 3월 중학부까지 증설하였다.

소영자로 돌아온 장도빈은 주변 사람의 주선으로 러시아에 가기로 마음먹었다. 그는 다음 회고에서 황씨라는 인물의 도움을 많이 받았다고 술회하였다.

마침 중국 훈춘경찰서 경위 황씨黃氏가 와서 나를 보고서 매우 친절히 대우하며, 나더러 노령(러시아)에 가라고 권유하였다. 황씨는 한국청년으로 훌륭한 인격자인데, 중국 훈춘의 경위로서 연길에 왔던 길에 나를 만난 것이었고, 특히 내게 동정하여 노령 가는 차편과 노자路資도 자기가 부담하겠다고 말하였다. 나는 반갑게 생각하여 같이 가기로 작정하고 다음 날 새벽에 황씨의 마차에 올라 함께 혼춘에 갔다. 황씨가 자기 집에 숙식을 공급하고 일일을 휴식한 후에 노령에 들어가는 길을 차렸다. 나는 황씨와 같이 마차를 타고 혼춘을 떠나 동으로 향하여 반일半日을 지나니 벌써 노령에 가까이 왔다. 황씨는 러시아 국경순경주재소에 가서 나를 소개하여 노령에 입국하기를 부탁하며 러시아 순경은 곧 승낙한다. 그곳서 나는 황씨를 작별하고 노령에 들어가 마침 해삼위(블라디보스토크)로 좇이 이곳에 와있는 엄씨嚴氏를 만나 함께 해삼위에 가기를 약속하고 우선 연신延新에서 일박하기로 하였다.

연신은 포시에트항을 말하는 것으로 목허우木許隅라고도 불렸다. 이 항구는 중국과 국경을 이루는 러시아의 작은 도시로 해변에 붙어 있다. 이곳에는 화려한 서양식 건축이 많았고, 생활 제도가 북간도와는 판이한 문명 도시였다. 연신은 한국 이주민들이 많이 거주하던 곳이기도 하다. 1912년 당시 연신에 거류하는 한인들 중 많은 숫자가 바닷가 관유지官有地에 초가를 짓고 임시로 거주하였다. 장도빈은 엄씨의 안내로 이종호가 살던 집에서 하루를 묵고, 다음 날 아침 배를 타고 해삼위로 향했다. 연신에서 해삼위까지는 사뭇 멀어 날이 저물어서야 다다랐다.

05 연해주에서 독립운동 역량을 키우다

연해주 신한촌에 정착하다

해삼위는 러시아 이름으로 블라디보스토크로 불리며, 우리나라 독립운동의 중요한 거점이기도 했다. 블라디보스토크를 중심으로 하는 연해주 일대의 독립운동은 어느 지역의 독립운동보다 활발히 진행되어, 권업회·권업신문사·노인동맹단·대한광복군정부 등 수많은 항일독립운동 단체가 이곳에서 조직되었다. 1919년에는 최초의 망명정부인 대한국민의회가 출범하기도 했다. 1920년대에 들어서도 한인들의 독립운동에서 신한촌은 각별하게 중요한 위치를 차지하였다.

장도빈은 블라디보스토크에 도착한 후 바로 신한촌으로 향했다. 신한촌은 블라디보스토크 북쪽 끝에 있는 마을로 한국인들만이 중심이 되어 100여 호의 촌락을 건설한 곳이다. 당시 이곳에는 이상설·신채호·이종호·정재관 등 많은 애국지사들이 은거하고 있었다. 장도빈은 바로 신채호를 찾았다. 만나는 순간의 감회는 이루 말할 수가 없었다. 『대한매일신보』라는 신문을 통해 이루어진 인연을 넘어 존경하는 언론계 선배와의 재회였다. 더욱이 장도빈에게 신채호는 국사에 눈을 뜨게 한 은인이기도 했다. 신채호 역시 말할 수 없는 반가움으로 그를 맞았다. 그러한 인연으로 장도빈은 신한촌 시절 오랜 기간 동안 신채호와 한 여관에 유숙하며 생활하였다. 또한 이종호·이상설·정재관 등과 같은 인물들도 만났다. 이들은 이곳에서 이미 『권업신문』을 창간하여 신채호에게 주필을 맡기고 연해주지역 독립운동의 중추를 형성하고 있었다.

연해주지역은 1860년대 초기부터 한인들이 가족 단위로 두만강을 건너 이주하여 한인사회를 형성한 곳이다. 그 후 블라디보스토크와 하바롭스크 일대에 이르는 광범위한 지역에 한인들이 이주하였다. 그들은 러시아 귀화정책에 의하여 토지를 분배받기도 하고 소작인으로 생활하기도 했다. 1910년을 전후하여 연해주지방에는 15만 명 정도의 한인들이 거주하게 되었다. 사실상 연해주의 대부분은 한인들에 의하여 개척된 땅이라 해도 과언이 아니다.

1910년 8월 23일 블라디보스토크를 중심으로 한 연해주지방의 한인들은 "한일합병은 22일 조약의 조인을 마치고 29일과 30일 이틀 중에 일반에 발표한다"는 소식을 듣고, 700여 명이 신한촌 한인학교에서 한인대회를 열고 성명회를 조직하였다. 주동 인물은 '13도의군'의 중심인물인 유인석柳麟錫·이범윤李範允·이상설 등이었다. 성명회라는 이름은 "적의 죄를 성토하고, 우리의 원한을 밝히다(성피지죄聲彼之罪, 명아지원明我之寃)"에서 전후 앞글자를 따왔다. 성명회 취지문은 다음과 같다.

신성한 우리 2,000만 단군의 자손은 5,000년래의 조국을 버릴 수 없다. 간악무도한 왜적이 우리의 독립권을 침해하고 우리의 부모형제를 학살하고 우리의 가옥전토를 강탈하였다. 먼저 열국에 우리의 합방반대 의견을 피력하고 왜적의 죄를 성토한다.

당시 고개를 들던 단군의식과 반만년 역사의식을 서두에 내세웠다.

러시아 개입으로 성명회가 해산되면서 권업회가 조직되었다. 권업회는 1911년 5월에 연해주 블라디보스토크 신한촌에서 이종호·김익용·강택희 등이 발기하고 민족운동가 57명이 찬동한 가운데 창립되었다. 최재형崔才亨을 회장, 김홍도를 부회장으로 하는 권업회는 급속히 세력를 확장해가며, 그해 12월 17일에 다시 총회를 개최하여 합법단체로 재창립하였다. 총회를 통하여 권업회의 실질적 운영책임자가 되는 의사부의장에 이상설, 부의장에 이종호가 선임되었다. 주로 권업회를 주도한 인물들은 연해주에서 한인의 이주 개척과 자치 그리고 항일독립운동에 참가한 인물들과 '13도의군'과 성명회에 참여했던 인물들이었다.

권업회 기관지로 창간한 신문은 바로 『권업신문』이었다. 이는 연해주 항일언론지였던 『해조신문』과 그를 이은 『대동공보』·『대양보大洋報』를 계승한 것으로 연해주 각 지역의 한인촌과 서북간도 및 미주지역에까지 보급하였다. 『권업신문』은 배일기사와 더불어 조국의 독립을 위한 권업회 사업과 민족의식을 고취하는 기사들을 게재하였다. 이 신문은 1914년 9월 권업회가 강제 해산될 때까지 이어졌다. 이 신문이 창간된 때가 1912년 4월이고 보면 장도빈이 신한촌에 들어간 것이 그 직후인 듯하다. 이 사실은 장도빈의 회고에서도 알 수 있다.

내가 이종호 씨를 만나서 들은즉슨, 방금 『권업신문』을 경영하게 되었으니 협력하여 주기를 바란다고 하고, 그 신문의 발행은 신채호 씨에게서도 들어 알았으며 나는 신문에 기고하기를 승낙하였다.

공교롭게도 『권업신문』을 주도한 이종호는 장도빈이 학감으로 있던 오성학교를 세운 인물이기도 했다. 이종호는 대한제국 내장원경을 지낸 이용익의 손자로 서북협성학교를 만들고 교장에 취임한 인물이다. 또한 안창호를 도와 평양 대성학교 설립에도 기여한 바 있다. 더욱이 보성사라는 인쇄소를 통해 많은 서적과 교과서를 간행하여 전국의 학교에 무료로 배부했으며, 이갑李甲과 공동으로 출자하여 서북학회 회관 겸 오성학교를 서울 낙원동에 세웠다. 장도빈과 이갑의 인연도 남달랐다. 장도빈이 몸담았던 오성학교 설립자라는 인연도 있으려니와 블라디보스토크 시절 인상 깊은 감명을 주었던 인물이 이갑이었다. 장도빈의 다음 회고로도 확인된다.

내가 블라디보스토크에 있는 중에 그곳의 지사들, 곧 이상설·정재관 제씨와 자수 상종하였고, 또 얼마 아니하여 신정新汀(추정秋汀이 오기) 이갑 씨가 피득부彼得堡(상트페테르부르크)로부터 블라디보스토크에 내유來留하여 신병을 치료하게 되었다. 이갑 씨는 국내에서 활동이 다다한 나머지에, 해외에 가서 너무 노심 노력한 결과에, 불치의 병에 걸려 도산 안창호 씨

勸業新聞

「권업신문」

의 구조를 받아 미국에 갔다가, 신병 때문에 미국에 입국되지 못하여 도로 피득보로 왔었는데, 블라디보스토크의 한인동포들이 청요請邀하여 이곳에 왔다. 내가 신정을 만나매 신정은 심히 기뻐하여 잠시라도 떨어지기를 싫어하므로 나도 가끔 가서 위로하였는데, 그러나 신정은 병중에서도 잠시라도 독립운동을 잃어버리지 않고 그 생각만 하므로 그의 신경병의 쾌차는 고사하고 날마다 더욱 심중하였다. 내가 그때 신정의 초인적 애국심을 감탄한 바 있으니, 곧 그때 상해(상하이)로부터 블라디보스토크에 온 사람으로 독립운동 청년 윤모尹謀씨가 있었는데, 그 사람이 갑자기 중병에 걸려 시급히 입원치료를 아니하면 반드시 사망하게 된 경우에 돈이 없어 입원하지 못할 형편에 처하였는데, 신정이 그 일을 알고 곧 그 수머니를 털어서 백여유百餘留를 그 사람에게 주어 입원시켰음을 볼 때에, 과연 비상한 애국자인 것을 감탄하였다.

이갑은 1906년 10월 양기탁·박은식·유동열 등과 함께 계몽운동단체인 서우학회를 조직하여 학교 설립과 민족의식 고취에 노력한 인물이다. 또한 1907년 4월 안창호·양기탁·이동휘·전덕기 등과 함께 국권회복을 위한 비밀결사인 신민회 창립에도 동참한다. 당시 애국계몽운동세력은 신민회를 중심으로 독립전쟁론을 실천에 옮기는 데 주력하였다. 안명근사건·양기탁사건·105인사건을 거치면서 일제의 극심한 탄압에 직면하고 있었던 신민회 회원들은 해외에 기반을 둔 독립운동기지 건설에 적극적으로 참여하기 시작하였다. 이갑도 양기탁·이상설·이동녕·이시영·안창호·유동렬·박용만·박은식·신채호·이상룡·여준 등과 더불어 중심인물로 활동했다.

고구려·발해 유적지를 답사하다

블라디보스토크 시절 장도빈은 사방에서 오는 독립지사들과 많은 상면을 한다. 서간도로부터 온 이회영·이동녕이나 북간도로부터 내왕하던 이동춘·백순 등이 대표적 인물들이었다. 이동춘은 만주로 이주해 1910년 일제강점기를 전후로 망명해온 안창호·이동휘·이갑 등 수백 명의 독립지사에게 숙소를 제공했던 인물로 간민교육회를 주도했던 인물이다. 이동춘이 회장을 맡은 간민교육회는 회원의 다수가 간도지방 각 학교의 교원들로 구성되었다. 참여한 주요 인물들을 보면 박정서·김약연·정재면·계봉우·김립·윤해·김영학 등이 있었다. 간민교육회는 한인마을에 학교를 설립하도록 장려하고, 기관지로 『교육보教育報』를 간행하여 한인교육의 활성화에 노력했다. 특히 간민교육회가 민족교육을 위해 보급한 역사교과서는 국내에서는 사용 금지되었다. 간민교육회 역사교육은 단순한 '역사지식의 교육'이 아니고 민족의식과 반일사상을 고취하려는 '역사의식의 교육'이었다.

장도빈이 만난 백순이란 인물 역시 북간도 독립운동계의 원로였다. 백순은 충남 공주 출신으로 공주읍에 농공은행과 보명普明학교, 강경읍에는 농공은행 지점과 보화普化학교 등을 설립하는 등 많은 학교와 회사경영에 참여한 인물이다. 1909년 대종교를 신봉한 후 일찍이 북간도로 망명하였다. 장도빈이 북간도를 거쳐 연해주로 들어갈 당시 대종교 계열의 민족지사들도 대거 북간도로 망명하여 무장항일전의 기반을 구축하는 데 전력을 기울였다. 대종교를 일으킨 나철을 비롯하여 중요 임원인 서일·계화·박찬익·현천묵 등이 대표적이었다. 백순을 비롯한 이러한 인물들은 북간도 연길·화룡·왕청 일대로 망명하여 도처에 한인학교를 세우고 민족주의교육에 진력하였다. 후일 장도빈이 대종교 활동을 본격화하게 된 단초 역시 이곳에서 마련된 듯하다.

연해주 시절 장도빈과 남달랐던 이갑

당시 경험으로 장도빈에게 빼놓을 수 없는 것이 고적 답사였다. 연해주에 도착한 장도빈은 니콜리스크라고 일컫던 소왕령(쌍성자)지역을 답사하였다. 이 지역은 일찍부터 한인촌이 형성되었던 곳인데, 고구려와 발해의 고지였다. 이곳에서 장도빈은 고구려의 책성柵城 유지와 발해의 동경성 유지를 확인하고 국사연구의 기초적 자료를 확인했다. 특히 그의 주요 저술인 『국사』·『조선역사요령』·『조선영웅전』·『조선위인전』 등에 등장하는 대조영을 발해태조라 극찬한 배경 역시 위와 같은 답사를 통한 결과라 할 수 있다.

안창호로부터 미국행을 권유받다

장도빈은 1913년 겨울 홀연히 미국행을 결심하였다. 당시 미국에 있던 안창호가 여비까지 보내며 초청해왔기 때문이다. 장도빈의 도미 계획은 이미 1912년 7월부터 계획된 것으로 확인된다. 백원보가 안창호에게 보

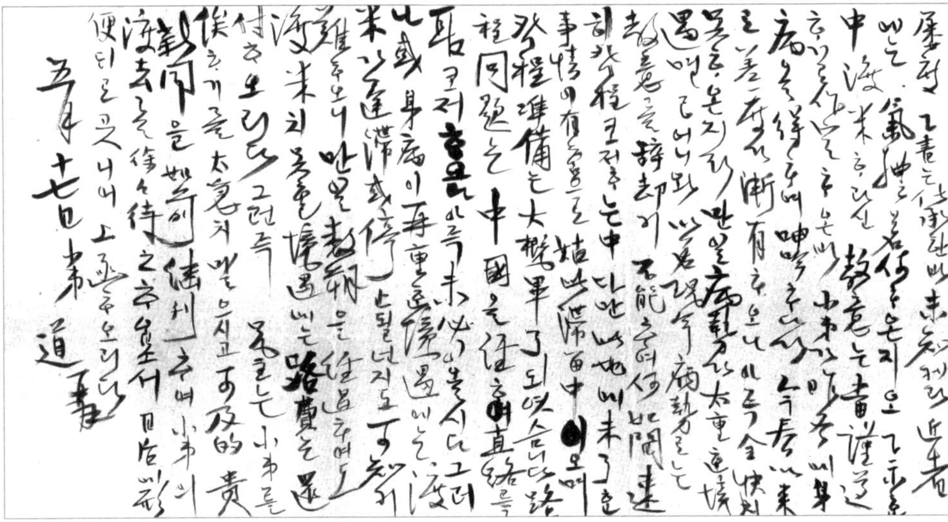

1913년 8월 6일, 러시아 블라디보스톡에서 장도빈이 미국에 있는 안창호에게 보낸 편지이다. 신문과 잡지가 국내에서는 미주에서 가장 경영이 잘되며, 국외로 진출하려면 미국에서 경영하는 것이 가장 적합하지만, 아직 준비가 되어 있지 않다는 내용이다. 이 외에도 장도영은 간도로 갔으며, 신채호는 상하이로 간 소식을 전하고 있다.

낸 편지의 내용 속에 장도빈의 도미 경비 이야기가 등장한 것을 보면 알 수 있다. 그러나 장도빈의 미국행은 불행히도 좌절되었다. 공교롭게도 극도의 신경쇠약에 걸려 병세가 위중하였기 때문이다. 그때가 1914년 봄으로 장도빈의 나이 27세였다.

장도빈은 그 과정에서 잊지 못할 소중한 경험을 했다. 그는 북만 목릉참穆陵站에 있는 안중근의 큰 동생 안정근 집에서 투숙했다. 안정근은 형의 영향을 받아 권업회 활동을 통해 독립운동에 투신함으로써 3·1운동 이전부터 조선 독립을 위한 투쟁에 나섰던 인물이다. 또한 효율적인 독립운동을 위해 동생 안공근과 함께 러시아에 귀화하였다. 1918년 8월

상하이에서 김규식·서병호·여운형·조동호 등과 함께 신한청년당을 창당·활동하기도 했다. 특히 1918년 11월 길림에서 김교헌 등이 중심이 된 「대한독립선언서」에 서명한 39명 중의 한 사람으로 참여했다. 장도빈이 목릉참에서 만날 당시 안정근은 모친 조마리아 여사와 형수(안중근의 처) 그리고 조카들(안중근의 자식)과 함께 있었다.

장도빈은 안정근의 모친을 애국자이자 매우 현명한 인물로 기억했다. 안중근의 부인에 대해서는 수척한 몸에 병색이 완연한 모습으로 회상하였다. 또 안중근 아들들에 대해서는 "장남은 10세 정도로 신체 쇠약하더니 추후에 들은즉슨 일찍이 사망하였다고 하고, 차남은 5~6세가량인데 매우 건강해 보였다"고 적고 있다.

미국행이 수포로 돌아간 장도빈은 안창호가 보내온 여비를 춘원 이광수李光洙에게 넘겨주었다. 이광수가 대신 미국에 가기를 바라는 심정이었다. 하지만 이광수도 사정에 의해 미국행을 실현하지 못했다.

정주 오산학교에서 역사교육에 매진하다

국내로 돌아가기로 결심한 장도빈은 기차로 하얼빈을 지나 펑텐奉天을 거쳐 안동현에 다다랐다. 이곳에서 장성덕長成德이라는 여관에 자리 잡은 그는 여관 주인으로부터 신병치료에 많은 도움을 얻었다. 주인의 이름은 박광朴洸으로 경북 고령 출신 독립운동가였다. 일찍이 안희제安熙濟 등과 대동청년단에 참여하면서 비밀결사활동을 감행하였으며, 상하이 동제사의 활동도 암암리에 도왔다. 동제사의 신규식·박은식·조성환 등이

장도빈이 요양했던 평안도 영변 약산 동대의 서운사

북미합중국과 하와이지방에서 보내주는 『신한민보』·『국민보』 등을 받아서 안동현으로 보내면 박광이 백세빈白世彬 등과 더불어 이를 다시 비밀리에 국내로 배포하는 임무를 맡았다. 박광이 안동현의 동제사 비밀 정보전달의 한 루트였음을 확인시켜주는 부분이다.

이후 장도빈은 귀국하여 평안북도 영변 약산藥山에 있는 서운사棲雲寺라는 절에서 요양하였다. 장도빈이 내놓은 최초의 역사책인 『국사』를 발간한 시기도 이즈음(1916)이다. 물론 장도빈이 연해주 시절 "동시에 '국사'를 편찬하여 학도들의 교재로 하였다"라는 회고에 나오는 '국사'와 동일한 것인지는 확인할 수 없다. 또한 1916년에 발간했다는 『국사』가 인쇄본인지 프린트본인지도 불분명하다. 그러나 1916년에 출간한 『국사』 내용이 연해주 시절에 편찬했다는 '국사'의 연장선상에 있을 것임은 확실하다.

장도빈은 『국사』 출간을 계기로 평안북도 정주에 소재한 오산학교에서 잠시 강의를 맡는다. 조만식 교장의 초청을 받아 약 1년간 교사생활을 하게 된 것이다. 오산학교는 1907년 안창호의 연설을 듣고 감동한 이승훈이 설립한 사립학교로 민족의식이 남다른 학교였다. 오산학교의 설립은 신민회의 민족교육 추진과 관련이 깊다. 이것은 신민회의 목표가 '실력양성을 통한 국권회복과 공화정체의 근대국민국가 수립'으로 민족교육 계몽운동 및 무장 독립운동의 발판을 마련하고자 했던 점에서 알 수 있다. 평양의 대성학교 설립 취지도 이와 동일하다. 또한 민족 산업 육성을 위해 평양에 자기회사 설립·운영, 대구의 태극서관 운영, 『대한매일신보』 발간 그리고 조선광문회를 조직하여 고전문학을 간행한 일련의 일들이 직간접적으로 신민회와 연관된 활동이었다. 나아가 만주의 삼원보와 한흥동 신흥무관학교 등과 같은 독립기지를 건설하는 작업도 신민회의 토대가 없었다면 불가능한 일이었다.

교사로 장도빈을 초청한 조만식

이승훈

한편 신민회 구성원의 특징 중 하나를 보면, 안창호·윤지호·이종호·김구·최광옥·이동녕·안태국·전덕기 등 학교 설립자와 교장·교사 등 교육계 인사들이 많았다는 점이다. 이승훈 역시 신민회의 주요 회원

오산고보 전경

이었다. 초대 교장인 백이행白彝行을 위시하여 여준·서진순·신채호·이광수 등이 교편을 잡았으며 후일에는 홍명희 등도 교사로 참여했다. 조만식이 교장으로 취임한 시기가 1915년 5월이었음을 보면, 그 이듬해 장도빈을 초청했음을 알 수 있다. 오산학교에서 장도빈의 역사 강의를 수강한 학생들 중 대표적 인물이 한경직 목사와 김홍일 장군이다. 한경직 목사는 스승 장도빈의 모습을 이렇게 회고하였다.

> 어린 학생으로, 당시 유명하시던 여러 지사들의 훈도를 받을 수 있었던 것은 언제나 감격히 생각된다. 그런데 그 선생님들 가운데 한 분은 산운 장도빈 선생이었다. 너무 오랜 일이어서 감격히 생각은 하면서도, 기억이 흐려 자세한 일들은 기억되지 아니하나 지금도 당시에 보던 산운 선생

의 모습이 희미하게 내 마음에 나타나며 당시의 받은 인상은 잊을 수 없다.…… 그분은 머리는 반반히 깎으셨고 언제나 한복을 입으셨으며, 얼굴은 둥그신 편으로 인자하신 모습이었으며, 말씀은 천천히 하셨으나 어조는 분명하며, 한 마디 한 마디 힘을 주어 학생들에게 무엇을 주고 남기려는 인상이 깊었다.

오산학교에서 1년간 교편을 잡았던 장도빈은 고향에 돌아와 잠시 휴양을 하다가 다시 서울로 올라갔다. 그때가 1918년으로 6년 만에 다시 서울을 찾았다. 당시는 세계적으로도 중요한 정치적 변화의 조짐이 많았던 때였다. 1918년 1월 미국 윌슨 대통령은 전후 처리 문제해결을 위한 방안 중 식민지 문제는 민족자결주의 원칙에 따라 해결해야 한다는 민족자결주의를 제창하였다. 또한 1919년 1월 중에 프랑스 파리에서 강화회의가 열리는 등 세계의 정세가 점차 약소국에 유리한 쪽으로 진행되고 있었다.

이러한 변화의 시기에 장도빈이 상경한 이유는 국사의 올바른 계몽을 통한 역사의식의 고양과 민족정기의 확립에 목적이 있었다. 또한 그것을 위한 수단으로 언론·출판 활동 방안도 동시에 도모하고자 함이었다. 이미 『국사』를 출판한 장도빈에 대해서는 학계나 언론계로부터 많은 시선이 집중되던 상황이었다. 조선총독부 기관지였던 『매일신보』의 기사 청탁을 받은 때도 이 무렵이다. 경제적 사정이 여의치 않았던 장도빈이었으나 그 청탁을 단호히 거절했다. 살아온 명분을 무너뜨리고 어용의 멍에를 짊어지지 않기 위함이었다.

06 언론출판활동에 앞장서다

신문 발간에 노력을 기울이다

1919년 3·1운동이 발발하자 장도빈의 발걸음도 급박해졌다. 신민회나 『대한매일신보』와 관련된 동지들과도 빈번하게 접촉하였다. 일제는 세계적 여론이 불리해지자, 사이토 마코토齊藤實를 새로운 조선총독으로 임명하였다. 유화정책의 일환인 문화정책을 표방하면서 그해 9월 한국인이 직접 경영하는 신문이나 출판 활동을 허가하였다. 물론 신문 발간 준비를 3·1운동 전부터 모색하고 있었던 장도빈은 바로 신문 발행 허가를 출원했다. 그가 출원하여 허가를 받은 신문의 이름이 바로 『동아일보』였다. 원래 발행하려던 신문 명칭은 『서울일보』였다. 경제력이 부족했던 장도빈은 허가권을 인촌 김성수金性洙에게 넘겼다.

허가권을 넘겨줄 당시 장도빈과 김성수의 중간 역할은 석농石儂 유근柳瑾이 맡았을 가능성이 크다. 유근은 대종교 계열의 독립운동가이자 언론인이며 교육가였다. 평소 유근을 인생의 고문으로 존경하며 따랐던 김성수는 1915년 중앙학교를 인수하였을 당시 유근을 교장으로 모셨다. 1920년 4월 김성수가 『동아일보』를 창간할 때에는 편집감독을 맡기기도 했다. 더욱이 『동아일보』라는 이름도 유근이 명명한 것이라는 기록을 보면 장도빈과 유근, 유근과 김성수, 그리고 장도빈과 김성수의 관계를 유추해 볼 수 있다.

한성도서주식회사를 설립하여 계몽잡지를 발간하다

신문사 허가권을 넘긴 장도빈은 출판에 눈을 돌렸다. 그 노력으로 1920년 5월 설립한 출판사가 한성도서주식회사이다. 한성도서주식회사는 우리나라 출판사로서는 최초로 기업화된 주식회사의 체제를 갖춘 곳으로, "우리의 진보와 문화의 증진을 위하여 시종 노력하기로 자임한다"는 사시社是를 내걸고 민족정기를 앙양하고자 순수한 민간자본 30만 원으로 설립되었다. 사장에는 이봉하, 전무에는 이종준, 취체역으로 장도빈·한규상·박태련, 감사역은 한윤호·허헌 등이 참여하였다. 또한 김윤식과 양기탁을 고문으로 초빙하는 한편, 오천석·김억·김동인 등 당시 젊고 실력 있는 신진학자와 문인들에게 실무 편집을 맡겼다. 경영에 참여했던 장도빈은 출판부장을 겸임하면서, 한국역사나 위인전집 그리고 문학전집 등의 발간과 외국사정을 알리는데 힘썼다. 1921년 한성도서주식회사에서 발간한 『동명왕실기』는 그 대표적 출판물 중 하나라 할 수 있다.

장도빈은 한성도서주식회사를 근거로 잡지 『서울』·『학생계』 등과 같은 잡지도 발간하였다. 『서울』의 편집 겸 발행인은 장도빈으로 1919년

「동명왕」

12월 15일에 창간되어 1920년 12월 15일 통권 8호를 끝으로 폐간되었다. 3호까지는 서울사에서 발행했고 4호부터는 한성도서주식회사에서 펴냈다. 6호에 실린 「조선독립운동사건의 전말」·「세계에 대한 조선인의 요구」가 일제의 검열로 삭제되었다. 1920년 10월 15일 발행 예정이었던 8호가 원고검열로 제때에 나오지 못하는 등 일제의 검열로 어려움을 겪었다. 1920년 12월에야 8호 임시호로 창간 1주년 기념호를 펴냈으나, 「조선청년에게 고함」·「강화조약講和條約의 정문正文과 각국 현세」·「조선교육의 근본문제」 등의 전문이 삭제되었다. 이후 1921년 2월 9호 원고가 압수되면서 폐간되고 말았다. 역사의식의 고양과 획기적 변혁을 요구하는 기조가 『서울』의 전반적인 분위기였다. 이 잡지에는 단행본으로 엮을 만큼 장도빈 글이 많았다. 『서울』「창간사」에 잡지의 발간 의도를 확인할 수 있다.

> 세계가 개조되야 혁신적 문명이 혼지구에 찬란하랴 하도다. 아등도 이 대세를 순응하야 신문명을 환영하여야 할지라. 이 주의의 일선언자로 『서울』이 출하다.

장도빈은 창간호 머리글로 게재된 「아등我等의 서광曙光」에서도 개조와

서울 종로구 견지동 한성도서주식회사 터에 설치된 표지석

변혁에 확신을 갖는 진보적이며 낙관적인 논조를 다음과 같이 펼쳤다.

> 세계는 날로 좋아지도다. 이에 정신계도 좋아지고 물질계도 좋아지도다. 이에 구시대의 유물인 비정의非正義·비도덕非道德·불편리不便利·불쾌락不快樂 등은 점점 다없어지고, 정의·도덕·편리·쾌락 등이 환하게 광光을 방放하도다. 시試하여 정신계로 간看하여라. 경천위지經天緯地가 다만 동양식의 허식사虛飾辭가 아니라 …… 또 시하여 물질계로 간하여라. 극락세계가 이상적이 아니라 현재에 임하였으며 황금시대가 몽상적이 아니라 사실로 현現하였도다 …… 이에 개인의 지덕智德은 날로 향상하고 사회의 제도는 날로 개선되도다. …… 또 이에 개인의 쾌락이 날로 진취되고 사회의 편리가 날로 발달되도다.

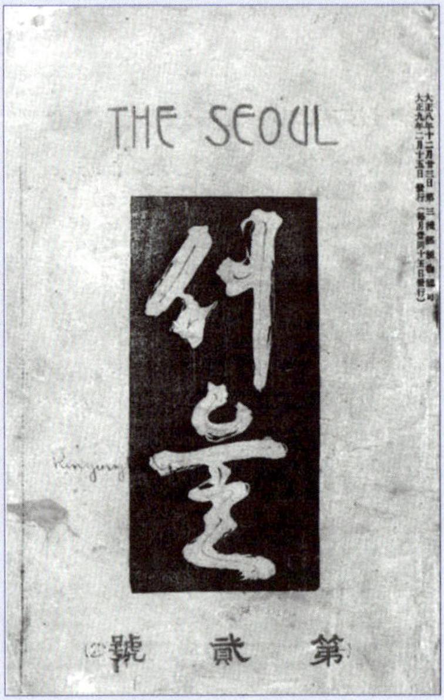

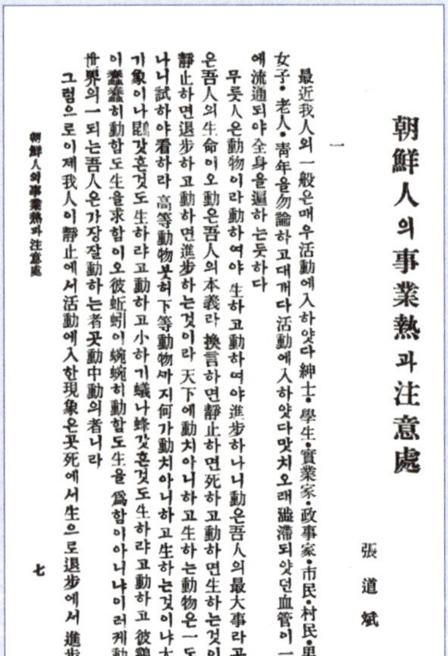

朝鮮人의事業熱과注意處

張道斌

一

最近我人의一般은매우活動에入하얏다紳士•學生•實業家•政事家•市民•村民•男子女子•老人•靑年을勿論하고대개다活動에入하얏다맛치오래滋滯되얏던血管이一時에流通되야全身을遍하는듯하다

무릇人은動物이라動하여야 生하고動하여야進步하나니動은吾人의最大事라곳動은吾人의生命이오動은吾人의本義라 換言하면靜止하면死하고動하면生하는것이오靜止하면退步하고動하면進步하는것이라 天下에動치아니하고生하는動物은一도업나니試하야看하라 高等動物붓허下等動物싸지何가動치아니하고生하는것이나大하기象이나鷗갓흔것도生하랴고動하고小하기蟻나蜂갓흔것도生하랴고動하고 彼鷄犬이蠢蠢히動함도生을求함이오彼蚯蚓이蜿蜿히動함도生을爲함이아니냐이러케動의世界의一되는吾人은가장잘動하는者곳動中動의者니라

그럼으로이제我人이靜止에서活動에入한現象은곳死에서生으로退步에서 進步로

朝鮮人의事業熱과注意處 七

『서울』 제2호와 장도빈의 글

『서울』에 실린 대표적 글은 다음과 같다.

제1호 : 「대정치가 을파소씨」·「학생계의 일대위고一大危槀」·「연구, 태평양」
제2호 : 「조선인의 사업열과 주의처」·「천개소문실기」·「연구, 한성일반漢城一斑」
제3호 : 「우리 개조의 일반一斑」
제4호 : 「현대의 사조와 아인我人의 소질」
제5호 : 「최근 세계 정치조직 변경에 대하야」·「정치도덕론」
제6호 : 「조선사회 부흥책의 일이一二를 논함」
제7호 : 「사상계변화론」·「예술천재론」
제8호 : 「조선고대지리고」·「국선전國仙傳」

글 대부분이 역사와 변혁에 초점이 모여 있음을 확인할 수 있다.

『학생계』는 월간 학생잡지로, 1920년 7월 1일 창간하여 1924년 6월 5일 통권 22호로 폐간되었다. 이 잡지는 장도빈이 한성도서주식회사 출판부장으로 관여하면서 펴냈다. 편집 겸 발행인은 스무 살이었던 오천석에게 맡겼다. 오천석은 당시의 기억을 이렇게 적었다.

> 하루는 산유 선생으로부터 인편으로 만나자는 전갈이 왔다. 무슨 일일까 생각하면서 상경하여 찾아뵈었더니, 민족중흥의 경륜經綸의 일단으로써 한성도서주식회사를 창건하여 국사를 중심으로 하는 도서와 잡지 『학생

계』를 내게 된 취지를 설명한 뒤, 『학생계』의 일을 맡아 달라 하셨다. 나는 이를 쾌히 수락하고 약 일 년 동안 그 일을 맡아 보다가 도미渡美하였는데, 그동안 선생의 온화하면서도 명쾌한 성품과 항상 지식을 사랑하고 무실역행하는 인격과 몽매간에도 민족을 잊지 못하는 그의 투철한 민족정신에 접하게 되어 깊은 감명을 받았다.

국판 100쪽 안팎으로 엮어진 『학생계』는 중·고등학생을 위한 교양 중심의 내용을 담았다. 뒤에 조선학생회의 기관지로 바뀌면서 편집 겸 발행인이 이시웅으로 바뀌었다. 월간에서 연 3회 간행하였다가 1924년에 폐간되고 말았다.

『조선지광朝鮮之光』 역시 장도빈과 연관하여 빼놓을 수 없는 잡지이다. 1922년 11월 「신문지법」에 의거하여 창간된 시사 잡지였다. 창간 당시 발행 겸 편집인은 장도빈이며, 인쇄소는 한성도서주식회사, 발행소는 조선지광사였다. 『조선지광』은 당시 『개벽』과 함께 잡지계에서 쌍벽을 이루었다. 제2호까지는 월간이었으나 3호부터 60호까지는 주간으로 바뀌었다. 다시 1926년 11월에 나온 61호부터 종간호인 100호까지는 월간으로 바뀐다.

장도빈이 관여한 초기에는 민족사상을 고취시키고 일제에 저항하는 글을 실었으며 급진적인 내용이 문제가 되어 일제에 의해 원고가 압수·삭제되는 경우가 많았다. 『조선지광』은 창간호에 발표된 「본사의 주의 주장」을 통해 창간 목적을 밝혔다.

본사는 조선 민족 또는 세계를 위하여 좌의 3개 주장을 세움

- 조선민족의 생존과 발전을 위하여 정의와 지식과 모든 문명을 선전함
- 조선민족의 생존과 발전을 위하여 조선인의 교육·식산·협동을 고취함
- 이상의 주장을 관철하여 조선민족의 권리와 행복을 옹호하며 나아가 세계문화에 공함을 기도함

궁극적인 목적은 조선민족의 권리와 행복을 옹호하며 나아가 세계문화와 함께함을 도모하는 데 있었다. 창간호의 목차를 보면 장도빈의 「조선민족의 미래를 논함」, 강매의 「정신생활과 문화가치」, 정응진의 「중등교육에 대한 희망의 일단」, 선우전의 「실력주의」, 황달영의 「만언불휴」, 주종의의 「여학교를 설립하라」, 이대위의 「Editorial」, 장도빈의 「조선민족발달사개론」, 최린 등 「5대가의 시국담」, 「조선 10대 위인전」 등이 실려 있다.

장도빈의 『조선지광』은 3호까지 내고 정간된 것으로 보인다. 이어 발행 겸 편집인이 1924년 4월 장도빈에서 김동혁으로 바뀌어 제4호를 발간하였다. 장도빈이 편집·발행을 넘긴 이유 역시 분명치 않으나, 일제의 감시와 경제적 이유 그리고 원고 확보의 문제가 복합적으로 작용한 듯하다. 당시 장도빈은 『서울』을 유지하는 데도 많은 경제적 곤란을 겪었다. 장도빈이 열성적으로 집필하고 편집하며 판매까지 책임졌던 『조선지광』 역시 그 운영이 녹록지 않았다. 수많은 원고를 직접 메워가면서 고군분투했지만, 외부 청탁 원고는 수월하게 모이지 않았다. 또한 『조선

第二十八號 大正十四年九月二日 第三種郵便物認可 朝鮮之光 (每週土曜日發行)

週報 朝鮮之光

大正十四年十一月二十八日 發行

民族販賣者의 佛敎宣傳

장도빈이 이끌었던『조선지광』

지광』에 종사하는 기자에게 월급이 밀릴 때가 많았음을 보더라도 그 경영의 어려움이 짐작되고도 남는다.

장도빈은 1927년 『한빛大光』이라는 잡지 창간에 주요 필진으로 가담하였다. 이 잡지는 강우姜虞가 책임을 맡고 있던 대종교남도본사에서 발행했다. 한국인이 반드시 알아야 할 역사·지리·기타 한글 등에 관한 교양을 목적으로 한 잡지였다. 창간호에는 장도빈과 더불어 최남선·이능화·문일평·김도태·이병도·홍순혁·엄정우·최현배·김윤경 등의 원고가 준비되었다. 1927년 1~2월경에 창간하려 했던 『한빛』은 사전에 원고를 압수당하여 발행되지 못했다. 이어 『한빛』은 1928년 1월 15일 제2권 1호로 창간되면서 장도빈의 원고는 묻혀버렸다.

한성도서주식회사에서 발간한 『지나명시선(支那名詩選)』

이 무렵 장도빈은 의미 있는 강연회를 통해 청년들의 민족의식 앙양에도 많은 공헌을 한다. 물론 장도빈은 달변가나 웅변가는 아니었다. 그러나 그의 언변에는 조리가 있었다. 차분하게 설득하면 누구든 끌려 들었다.

불교강연회 석상에서 1,500명의 청중이 거월去月 27일에 경성조선불교회에서 강연회를 단성사에서 개최하였는데, 연사 중 장도빈 군이 고대조

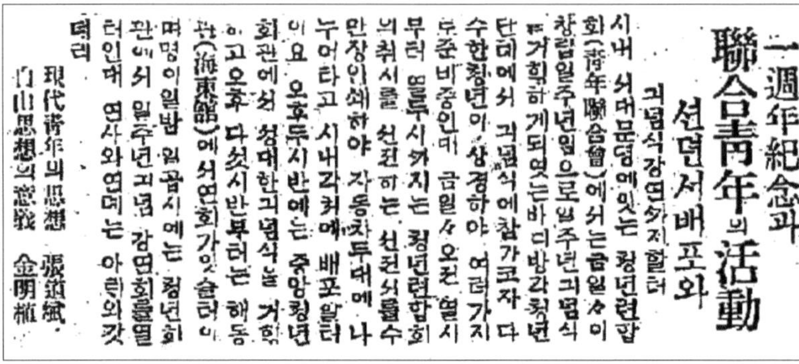

조선청년연합회 1주년 기념강연(『동아일보』 1921년 12월 1일자)

선불교라는 제題로 아我 고대문화의 찬란함과 금일의 쇠퇴를 열렬히 술述하여 1,500명의 청중의 흉중을 끓어오르게 하다. 이윽고 다음 연사가 연단에 오르려 할 때에 일파족一跛足 청년이 단상에 뛰어올라 "대한독립만세! 대한민국만세!"를 고성질호하니 청중일동이 이에 향응하야 만세소리가 당堂을 진동하게 하다. 적은 비상대를 파견하야 회를 해산하고 파족跛足 청년은 즉시 착거捉去되다. 한성 중앙에서 이같이 큰 만세소리가 나기는 작년 춘春 이후로 처음의 일이라고.

-『특별통신』

이러한 신문기사를 보더라도 장도빈의 대중 설득력을 직감할 수 있다. 또한 고학생苦學生 돕기 강연회에 나아가 '조선교육계의 변천'과 '이상적理想的 조선교육'이란 제목으로 최팔용·송진우·박이규朴珥圭·강매姜邁·김필수·박일병·김활란 등과 일장연설을 하는가 하면 조선청년연합회 출범 1주년 기념식에서는 '현대 청년의 사상'이라는 주제로 열변을 토하였다.

고려관을 설립하다

장도빈이 늦장가를 든 것도 이즈음이다. 1920년 7월, 그의 나이 33세에 결혼식을 올렸다. 부인 김숙자金淑姿는 평북 영변 출신 28살 노처녀로, 의열단 단원이던 김응원金應元의 누나였다. 일찍이 이화학당을 수학하고 한때 고향에서 교편생활을 하던 그녀는, 다시 상경하여 경성여자고등보통학교(현 경기여고)에 진학하였다. 졸업반이던 3·1운동 당시 같은 학교의 기숙사에 기거하던 동료 학생 60여 명을 일깨워 3·1운동에 참여하게 하였다. 그 후 고향 영변으로 내려가 숭덕여학교의 교사 및 기숙사의 사감을 지냈고, 대한애국부인회 평안남북도 조직의 책임을 맡기도 했다. 애국부인회 회원들과 군자금을 모금하다가 발각되어 1921년 경찰에 체포·구속되었으며, 석방 후 다시 교편을 잡으며 학생들에게 독립사상을 고취시켰던 애국여성이었다.

장도빈은 이 시기 고려관高麗館이란 출판사를 설립하여 역사연구물 출판에도 심혈을 기울였다. 한성도서주식회사는 기업체로 기획에 따른 저작물을 출판한 곳이라면, 고려관은 장도빈 개인 출판사로 자신의 저작물을 자비를 들여 출판한 곳이다. 1924년 『조선역사요령朝鮮歷史要領』 출판을 시작으로 『조선위인전朝鮮偉人傳』(1925)·『조선영웅전朝鮮英雄傳』(1925)·『발해태조』(1926)·『조선역사대전朝鮮歷史大全』(1928)·『조선역사담

「문무대왕전」

「남이장군실기」

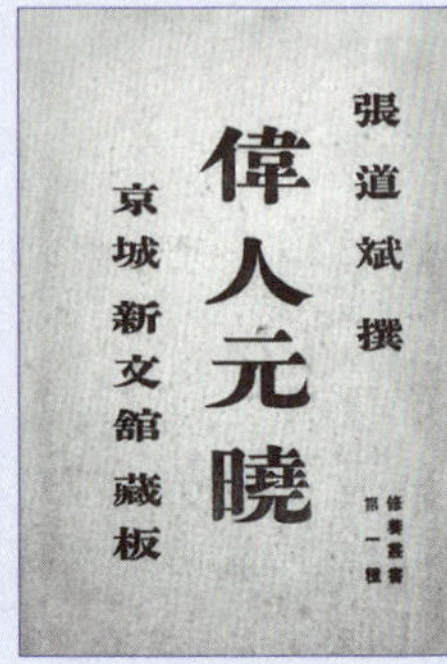

「위인원효」

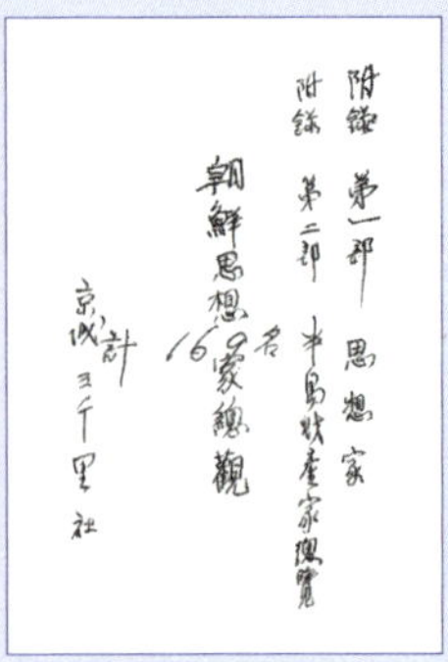

「조선사상가총관」

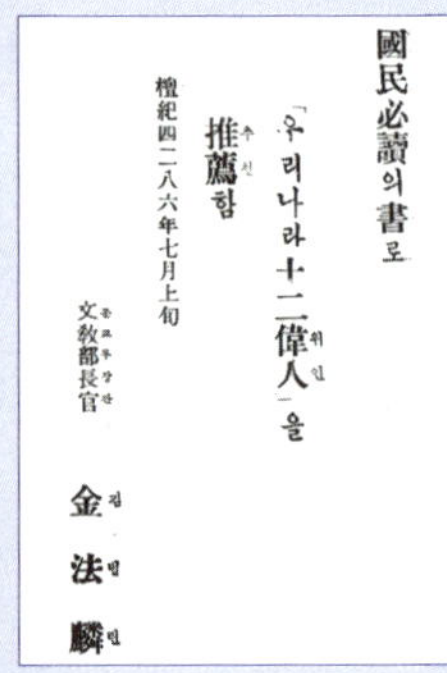

「우리나라 12위인」

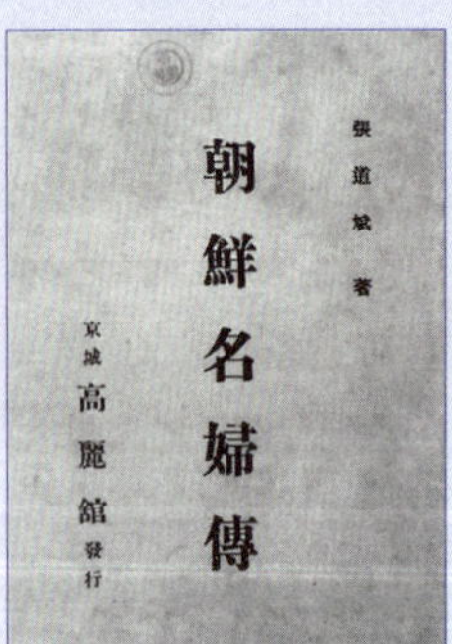

「조선명부전」

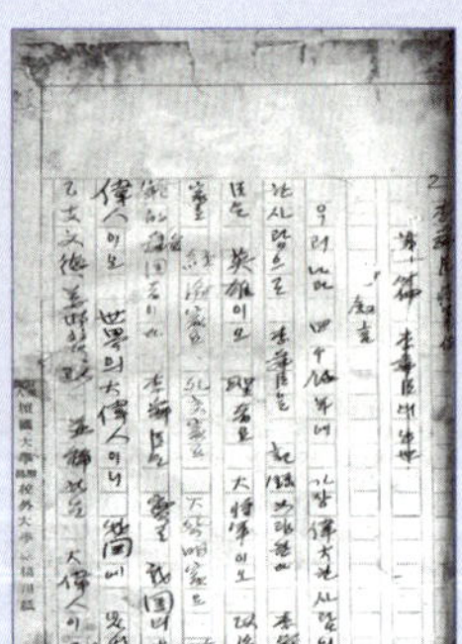

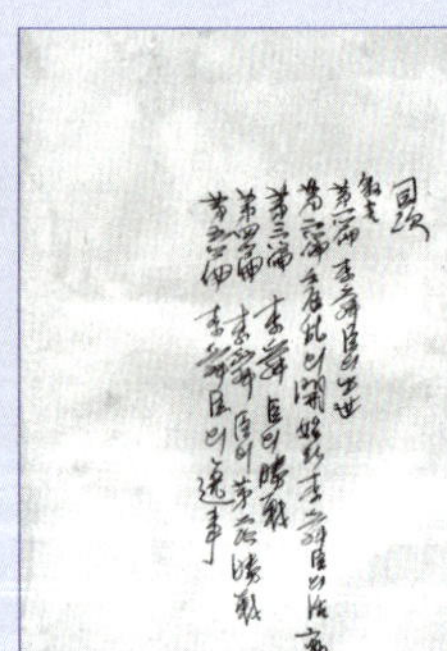

「이순신장군」 원고초고

朝鮮歷史談』(1932) 등 숱한 책자를 편찬하였다. 집필된 글은 곧 출간으로 이어졌고 전국적으로 배포되었다. 서적 출판에 소요되는 경제적 곤궁은 늘 뒷전이었다. 어려움을 넘어 역사연구에만 골몰한 장도빈의 열정을 확인할 수 있는 부분이다.

한편 장도빈이 한성도서주식회사를 떠난 시기는 분명치 않다. 다만 그가 1927년부터 1945년 사이에 고적답사와 연구 및 역사서적 간행에 전념했음을 보면 1927년경으로 추측할 수 있다. 장도빈은 이 시기부터 1930년대 중반까지 많은 역사 강연을 했다. 1927년 5월 24일 개성에서 '조선사와 조선인'라는 주제의 강연을 시작으로 1930년 11월 15일에는 평양에서 '조선문화 건설사建設史의 반만년 고도古都의 평양'이라는 세목으로 강연하였다. 1932년 8월 14일 평양 백선행기념관에서는 '조선근세문화사'라는 연제로 역사를 강연하였다. 더욱이 역사 강연이 '평양역사강연회'란 제목의 신문광고(『동아일보』 1935년 6월 22일자)로도 등장하고 있음이 발견된다. 물론 연사는 장도빈으로, 낙랑구락부 주최와 동아일보사 평양지국 후원이라는 내용이 실려 있다.

07 유적지 답사와 역사연구에 매진하다

국내 유적지 답사에 나서다

1930년대 들어 장도빈의 국내 유적답사도 본격화된다. 일찍이 연해주 시절 고구려와 발해의 유물·유적을 직접 답사하면서 국사연구의 자료를 수집했던 장도빈이었다. 특히 천 년 가까이 묻혀 있던 발해의 흔적이 잠을 깬 것도 그의 공이었다. 한반도 너머 이 지역 일대가 발해의 생활권이었다는 사실을 처음으로 밝혀낸 것이다.

1931년 11월 27일부터 1932년 3월 28일까지 『중앙일보』에 32회에 걸쳐 연재된 「조선문명사화」는 많은 반향을 일으켰다. 또 그는 『동아일보』에 「조선사」를 연재하면서 1932년 9월 10일부터 직접 남쪽 지방(수원→공주 → 전주→광주→진주→한산도→마산→김해→범어사)을 답사했다. 여기에 그치지 않고 1933년 5월 3일부터 『동아일보』에 「고도사적 탐사기」 연재를 시작했다. 제1편 부여, 제2편 경주, 제3편 평양의 순서로 게재하면서 백재·신라·고구려의 유적지를 답사했다. 특히 동아일

古都史蹟探査記 (1)

張道斌

第一篇、扶餘

一、百濟가 扶餘에 奠都한 來歷

『동아일보』에 연재된 「고도사적탐사기」

보사에서는 장도빈에게 열차우대권인 무임승차권을 제공했을 뿐만 아니라 숙박비 등을 포함한 제반의 편의를 제공했다.

이러한 동아일보사의 우리 역사·고적에 대한 관심은 당시 언론사와 민족주의계열 인사들이 단군·이순신·권율 등 민족적 위인들의 유적을 보존하기 위한 언론활동·성금 모금·강연회·유적지 보수 등의 사업을 했던 점과 무관하지 않다. 특히 동아일보사가 민족의 고유성과 민족문화 선양 사업에 적극성을 부여주었다. 장도빈의 답사기는 1932년 7월 29일부터 같은 『동아일보』에 연재된 현진건의 「단군성적순례」와 상승작용을 일으키며 상당한 반향을 일으켰다.

이 시기 일제는 식민지지배 수위를 점점 강화시켜갔다. 특히 1930년대 이후에는 본격적인 민족말살정책을 감행하였다. 일제는 만주와 중국 대륙을 침략하며 확대된 전선에 군수품을 조달하기 위해 한반도를 병참기지로 만들었다. 또한 한국인의 강인한 민족정신을 마비시켜 항일투쟁을 약화시키고, 노동자나 군인으로 끌고 가기 위한 준비 작업도 진행해갔다.

일제는 이러한 작업의 수순으로 그들의 군사력과 경찰력을 강화하면서 군사파시즘 체제를 구축한 것이다. 종래 2개 사단 규모였던 일본군 병력은 만주사변을 계기로 늘기 시작해 1941년에는 3만 5천여 명, 전쟁 말기에는 23만여 명으로 크게 늘었다. 경찰력도 1923년 2만여 명에서 1941년에는 3만 5천여 명으로 늘었다. 더구나 정규 경찰 외에 비밀 고등경찰, 헌병 스파이 그리고 경찰 보조 기관인 경방단 등이 설치되어 거미줄 같은 감시망을 구축하였다.

은둔하며 역사서 저술에 전념하다

한편으로 일제는 전시체제를 갖추고 주민들의 일상생활까지 철저한 통제 속으로 몰아갔다. 조선총독부 직할로 1938년 8월 '국민정신총동원 조선연맹'이란 주민 생활 통제를 위한 중심 기구를 설치하고, 도에서 말단의 리里에 이르기까지 통제와 감시를 위한 틀을 확립하였다. 일제는 1940년 10월 이 기구에 대한 관의 통제를 더욱 강화하여 '국민총력조선연맹'으로 개편하고 민간인이 아닌 조선총독이 직접 총재로 취임하였다. 나아가 한민족과 한반도 전체를 파시즘 체제 아래 묶어 놓은 일제는 한민족을 일본인으로 동화시켜 민족을 말살하고자 하였고, '한국인을 충성스럽고 선량한 황국신민'으로 만드는 황국신민화정책을 본격적으로 추진한다. 일제는 1937년 10월 「황국신민서사皇國臣民誓辭」를 아동용과 성인용으로 만들어 일상생활 중에도 일본어로 외우도록 강요했다. 아울러 일본 천황에 대한 충성의 표시로 일본 본국에 있는 황성을 향해 절을 하는 '궁성요배宮城遙拜'를 강요하였다.

또한 일제는 학교와 관공서에서 한국어의 사용을 일절 금지하고 '일본어'를 '국어'라 하며 일본어만을 사용하도록 강제하였다. 일제는 한국인의 문자인 한글을 없애기 위해 1937년 8월 30일 '총독부령 131호'로 공사립 고등보통학교의 조선어 및 한문독본 중 순한문과정을 9월 1일부터 폐지하기로 결정하였다. 나아가 1939년부터는 우리의 성과 이름을 일본식으로 바꾸도록 하는 이른바 '창씨개명'도 단행하였다. 만일 이를 어기면 학교 입학이나 공문서 발급을 일절 금지하였고, 식량과 물자의 배급에서 제외하였으며 우편물도 전달하지 않았다.

일제의 이러한 움직임은 급기야 한민족의 정체성마저 붕괴시키려는 만행으로 이어졌다. 일제는 우리 민족의 근본을 파괴하기 위해 일본인과 조선인은 하나라는 '내선일체內鮮一體'를 내세우고, 이를 위한 논리로 한국인과 일본인이 같은 조상에서 나왔다는 '일선동조론日鮮同祖論'을 거짓으로 꾸몄다. 또한 서울의 남산을 비롯하여 전국 각지의 학교와 면마다 세워진 신사神社 참배를 본격화하면서 일본의 국가 종교인 신도神道를 강요했는데, 만일 신사 참배를 거부할 경우는 무자비한 탄압을 가했다.

일제는 엄청난 자원을 약탈하는 동시에 한국인을 침략전쟁에 강제 동원하여 착취·수탈했다. 전쟁 물자를 공급하기 위해 '중요산업 통제의 통제에 관한 법률'을 만드는가 하면 '국가총동원법' 등과 같은 착취법을 만들어 놋그릇이나 솔방울에 이르기까지 전국의 각종 자원을 빼앗아 갔다. 또한 근로동원이라는 명분으로 어린 학생들마저도 군사시설을 위한 공사장에 보내고 여성들도 근로보국대라 하여 토목 공사에 동원하였다. 1938년부터는 군대 보충을 위해 지원병제도를 실시했으며, 1943년에는 징병제도와 학도지원병제도를 시행하여 20만여 명의 청년들과 4,500여 명의 학생들을 전쟁터로 내몰았다. 전쟁의 막바지인 1944년 9월에는 '여자정신대근무령'을 만들어 12세에서 40세까지 배우자가 없는 여성 20만여 명을 강제로 끌고 가는 반인륜적 범죄까지 저질렀다. 이들은 일본과 한국 내의 군수 공장에서 일한 경우도 있었지만, 그 상당수가 중국과 동남아시아의 전쟁터로 끌려가 일본군을 위한 종군위안부로 희생당해야만 했다.

이러한 한민족 정체성의 기로에서 많은 지식인들이 개인적 이해관계에 빠져 실망을 안겼다. 온갖 미사여구와 합리화를 통해 조국의 젊은이들을 회유하는 친일의 첨병으로 전락한 것이다. 장도빈 역시 일제의 수많은 회유에서 자유로울 수 없었다. 한 번은 신의주에 공장을 가진 오지제지王子製紙 사장인 후지와라 긴지로藤原銀次郎가 만나자고 하여 만난 일이 있었다. 후지와라는 일본 상공대신까지 지낸 유명인사로 1917년 조선제지주식회사를 만들어 그 대표로 활동했던 인물이다. 또한 후지와라는 조선의 차茶에도 많은 관심을 가졌으며 당대에 막대한 영향력을 갖고 있었다.

장도빈은 일본인과 친분이 거의 없었으나 후지와라와는 출판 관계로 아는 사이였다. 출판업자로서 종이업자를 가까이하는 것은 사업상 외면할 수 없는 이치였다. 더욱이 당시의 종이 공급은 일본인들에 의해서만 독점되던 시기였다. 이러한 후지와라가 만나자고 제안해 온 것이다. 그 목적은 다름 아닌 장도빈의 회유였다. 후지와라는 당시 조선총독이었던 사이토 마코토가 장도빈을 총독부의 자문기관인 중추원 참의로 참여했으면 한다는 것이었다. 당시 중추원 참의는 명예와 권세와 돈이 보장되었던 고관대작 부럽지 않은 자리였다. 장도빈의 대답은 당연히 거절이었다. 거듭된 제안에도 장도빈은 응하지 않았다. 그리고 원고 뭉치를 싸들고 처가가 있는 영변으로 떠났다.

오지제지 사장이었던 후지와라 긴지로 흉상

이러한 선택은 당시 대종교의 국내책임을 맡고 있던 강호석姜湖石이 조선총독으로부터 30만 원의 거금과 도지사 등 고등관을 제안하며 회유했으나 준엄히 거절했던 사례와 다르지 않았다. 또한 홍명희가 정인보와 상의한 끝에 일제의 마수를 피하기 위해 가족을 거느리고 충북 청원군 옥산면 강정리로 내려가기로 한 것, 또 정인보 역시 전북 익산군 황하면 중하리로 내려갈 마음을 먹은 것과 같은 심정임을 엿볼 수 있다.

영변으로 내려온 장도빈은 한곳에 머물러 있지를 않았다. 때로는 고향을 찾는가 하면 예고 없이 서울 동숭동 집에 나타나기도 했다. 특히

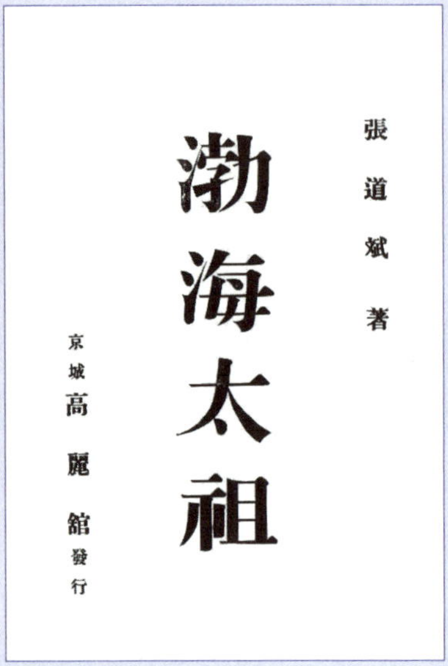
張道斌 著

渤海太祖

京城 高麗館 發行

『발해태조』

特別附錄

朝鮮民族代表

四十九人

略歷

『민족대표 49인 약력』

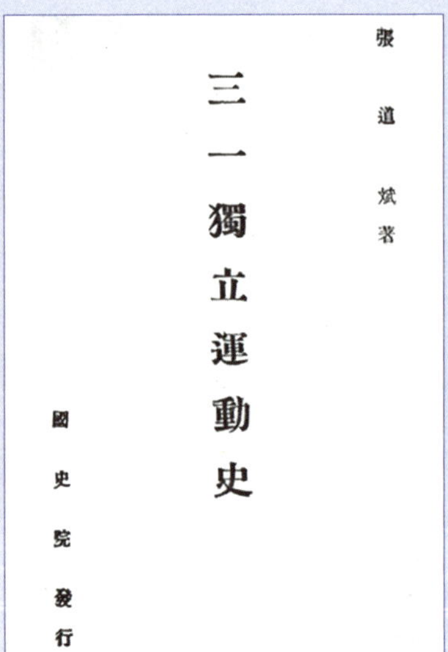
張道斌 著

三一獨立運動史

國史院 發行

삼일독립운동사

三一운동 서울 시위행렬(示威行列)
덕수궁(德壽宮)앞에서

장도빈 저작
국사원 발행

『3·1독립운동사』

안창호가 요양했던 평양 대보산大寶山 산장을 찾아 조만식·이광수 등과 회동하며 우국 환담에 많은 나날을 보내기도 했다. 이러한 장도빈에게 충격적인 경험이 찾아왔다. 「3·1독립선언서」의 서명자로 후일 변절하여 중추원 참의로 참여한 최린崔麟이 장도빈을 중추원의 참의로 추천하겠다는 편지를 영변으로 보내온 것이다. 장도빈은 분노와 더불어 비통함을 느꼈다. 더욱이 1938년에는 신민회 동지였던 안창호와 양기탁이 한 달 간격으로 세상을 떠났다.

장도빈은 다시 산속으로 은둔했다. 어릴 적 공부하던 황해도 중화군 수안면 병운리竝雲里로 들어간 것이다. 그는 숯을 구워 경제활동을 보태면서 한국사상사나 사상가와 관련한 위인전의 초고 작업을 꾸준히 진행했다. 물론 『을지문덕』·『동명왕전』·『개소문전』·『발해태조전』·『광개토대왕전』·『서산대사와 사명당』·『조선명부전朝鮮名婦傳』·『조선태조전』·『온달장군전』·『최영』 등과 같이 이미 출간된 전기도 있었지만, 그것을 보완하거나 새롭게 집필한 것도 있었다.

08 독립국가 수립에 나서다

『민중일보』를 창간하다

1943년에 접어들면서 제2차 세계대전의 분위기가 점차 연합군 측에 유리하게 전개되었다. 그해 11월 말 미국 루스벨트, 영국 처칠, 중화민국 장제스蔣介石 등은 이른바 카이로선언을 발표하였다. 이어 1945년 5월에 나치 독일이 항복하였고, 8월 8일에는 미국·영국·소비에트 연방이 모여 포츠담선언을 발표하였다. 1945년 8월 15일 일본은 드디어 연합국에 무조건 항복하였다. 한민족은 카이로선언과 그것이 다시 확인된 포츠담선언에 의해서 그리고 오랜 투쟁을 통한 민족의 극복에 의해 일제의 학정으로부터 독립을 맞이하게 되었다.

이때 장도빈의 나이가 58세였다. 수산면 병운리로 숨어 들어가 역사 연구에 몰두한 지 6년여 만에 맞이한 광복이었다. 장도빈은 8월 하순 서울로 올라왔다. 광복을 맞은 조국을 위해 가장 먼저 무엇을 할 것인가를 심사숙고한 끝에 언론을 통한 국민계몽이 우선 되어야 한다고 생각

民衆日報

『민중일보』

했기 때문이다. 언론은 사회의 거울이라는 고전적 정의定意와 매체를 통해 자신의 생각을 알리는 적극적 행위라는 보편적 정의에서 언론과 국민계몽의 밀착성을 알 수 있다. 이는 장도빈이 해방 공간에서 우리 민족의 역사적 과제가 국민계몽을 통한 민주국가 건설에 있음을 인식한 결과였고, 또 한말 이래 민족의 실력양성을 위해 줄기차게 실천해 온 '언론을 통한 국민계몽활동'을 계승하려는 의지였다.

장도빈은 신문창간에 박차를 가했다. 그는 일제강점기 언론활동을 경험으로 1945년 9월 22일 『민중일보』를 창간했다. 이 신문은 일제강점기 주간신문으로 간행되었던 같은 이름의 『민중일보』와는 다른 신문이다. 사장은 장도빈 스스로가 맡았고 편집은 신민회 간부를 지낸 최익이 담당했다. 종로구 견지동 동덕초등학교 옆에 가옥을 얻고 한성도서인쇄소를 빌려 신문을 찍었으나 운영은 그리 쉽지가 않았다. 더욱이 한성도서에 불이 나면서 어려움은 더 커졌다. 마침내 휴간에 들어가 변화를 모색하던 중 판권을 윤보선에게 넘겨주었다.

윤보선은 1947년 4월 6일부터 『민중일보』를 복간하면서, 주필로 오종식, 편집국장으로 김광섭, 영업국장으로 정홍신을 참여시켰다. 오종식은 일본의 도요대학東洋大學을 졸업한 인물로 1946년 『민주일보』 편집국장, 1947년 『경향신문』 주필 겸 편집국장을 맡았으며, 1948년에는 사회부 차관과 1949년 『서울신문』 전무 겸 주필, 1953년 『경향신문』 주필 겸 편집국장 그리고 1954년에는 『한국일보』 주필을 맡은 인물이다. 김광섭은 시인이자 언론인으로 우리에게 「성북동비둘기」로 알려진 인물이다. 그는 1945년 중앙문화협회를 창립했고, 1946년 전조선문필가협회 총무부장, 1948년 이승만 대통령의 공보비서관을 지내기도 했다. 또한 1956년 자유문학가협회 위원장을 지냈다. 1957년 자유문학사를 세워 『자유문학』을 창간했으며, 1958년 세계일보사 사장까지 역임하였다.

장도빈의 『민중일보』는 진보 좌파적 성향을 표방한 신문들이 득세하던 해방 공간에서 우익을 표방한 대표적 신문이었다. 2009년 8월 12일 공개된 미연방정부기록보존소NARA에서 흥미로운 자료가 공개되었다. 즉 미군정의 『한국정치보고서』는 '한국언론' 부문에서 당시 서울 지역에서 발행되던 32개 신문 중 절반 이상이 좌익적 성향이며 3분의 1가량이 우익적 성향이라고 분석한 것이다. 이 보고서는 미군정이 1947년 9월 1일 작성해 해리 트루먼 대통령의 특사로 한반도 정책 방향을 모색하고자 방한한 앨버트 웨드마이어에게 전달한 것이다. 더욱이 이 보고서에는 군정 초기에 극히 자유로운 정책이 펼쳐지면서, 서울에서만 30여 개의 신문, 60개 이상의 주간지와 106개 월간지가 인가를 받았다고 밝혔다. 또한 사실상 모든 일간지가 특정 정치인이나 정당의 사적 기관지라고 평가하면서 정치인들이 신문을 정치적 위상이나 지지자 증대를 위해 운영한다고 분석했다.

장도빈은 이러한 언론의 외적 홍수시대를 맞아 우익적 성향에서 『민중일보』을 창간하였다. 일제강점기하에서도 우익적 성향의 민족운동에 가담했던 그의 행적을 봤을 때도 짐작할 수 있다. 가령 1920년 6월에 장도빈·박일병·김명식·장덕수 등이 앞장서서 조직한 '조선청년연합회'의 사례에서도 나타난다. 이 단체는 전국 600여 개의 단체가 가입할 정도로 세력을 떨쳤으나 사회주의적 성향을 가진 서울청년회를 중심으로 분열되었다. 그러나 그럼에도 장도빈만은 남았다.

장도빈은 해방 직후 문학운동에서도 김범부·박종화·이병기·안재홍 등등과 더불어 우익의 편에 가담하였다. 이태준을 중심으로 한 '조선문학가동맹'이 1946년 6월 20일 『문학』을 창간하여 활동의 강도를 높이자, 우익문인들을 중심으로 '전조선문필가협회'를 결성하여 활동하였다. 더욱이 장도빈은 해방 후 신문지상에 발표한 논설에서 해방 이후 공산주의자들이 공산주의 국가 성립을 도모하고 있다고 비판한 것을 볼 때, 좌익적 성향과는 거리를 둔 듯하다.

한중협회에서 외교 역량을 강화하다

장도빈의 한중협회韓中協會 활동도 주목된다. 한중협회는 해방 직후 선린

中華와 親善提携하자

各界有志網羅 韓中協會結成

이번대전을통하야 중수운 신세계건설의 요원이되엿고 이후로동아문제(東亞問題)에대하야서는 만연중심세력이될것이며 특히대전중에는 중경정부가 조선의독…을위하야 재중경한국림시정부를 극력지지하고 장개석(蔣介石) 주석이조선해방을위하야 진력한 후의는 영원히잇지못할 역사적인연을 매저는사실에비취어

一、韓中兩國民의 親善을永久히圖謀하며

一、政治的經濟的文化的提携로 兩民族의永遠한繁榮을期하기爲하야

呂運亨 安在鴻 崔謹愚 李克魯 張道斌 咸尙勳 劉錫鉉 金度演 丁元幹 丁[illegible]芬 씨등외 四十여인의발기로 「한중협회 韓中協會」를조직하엿는데 수일중 창립총회를열고 조선중국양민족의 친선을위하야 진력할터이라고한다

한중협회 관련 기사(『자유신문』 1945년 11월 1일)

우호에 입각한 외교적인 활동을 위해 조직된 단체였다. "대전 중에는 중경정부(국민당정부)가 조선의 독립을 위하여 중경 대한민국임시정부를 극력 지지하고 장개석(장제스) 주석이 조선 해방을 위하여 전력한 후의厚意는 영원히 잊지 못할 인연을 맺었다"라는 선언을 발표하였다.

이에 부응하여 다음과 같은 취지도 천명했다. 첫째는 한·중 양 국민의 친선을 영구히 도모하며, 둘째는 정치적·경제적·문화적 제휴로 양 민족의 영원한 번영을 기하기 위함이었다. 장도빈은 여운형·안재홍·최근우·이극로·함상훈·유석현·김도연 등 40여 명과 함께 발기인으로 참여했다. 이들은 창립총회에서 한국과 중국 양 민족의 친선을 위하여 전력할 것임을 다짐하였다.

제1차 중앙집행위원회는 1945년 11월 18일 오후 2시 경기도 상공경제회의실에서 개최되었다. 오화영吳華英의 취임인사가 있은 후 각 부서를 결정하고 사업방침을 수립하였다. 특히 중국 동북지구를 중심으로 한·중 양국 전재동포戰災同胞의 근본적 구조대책을 시급히 강구할 것임을 결

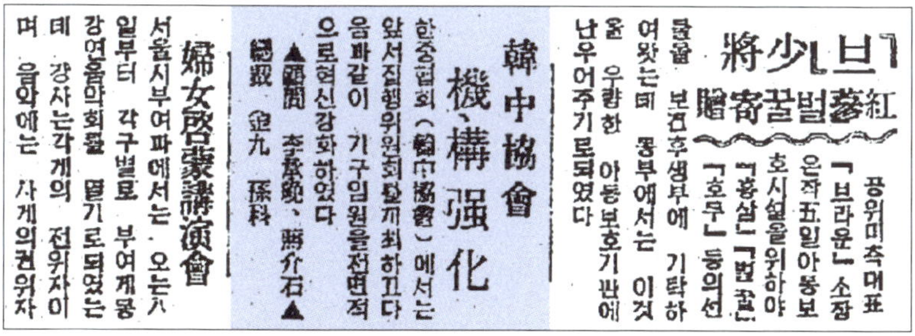

紅蔘벌꿀寄贈 少將「브라운」

공위미측대표「브라운」소장은 작五일 아동보호시설을 위하야『홍삼』『벌꿀』『호두』등의 선물을 보건후생부에 기탁하여 왔는데 동부에서는 이것을 우량한 아동보호기관에 나누어주기로 되였다

韓中協會 機構强化

한중협회(韓中協會)에서는 앞서 집행위원회를 개최하고 다음과 같이 기구임원을 전면적으로 혁신강화하였다
▲顧問 李承晩、蔣介石 ▲總裁 金九 孫科

婦女啓蒙講演會

서울시부여파에서는 오는八일부터 각구별로 부여계몽강연음악회를 열기로 되었는데 강사는 각계의 전위자이며 음악에는 사계의 권위자

한중협회 관련 기사(『동아일보』 1947년 8월 6일)

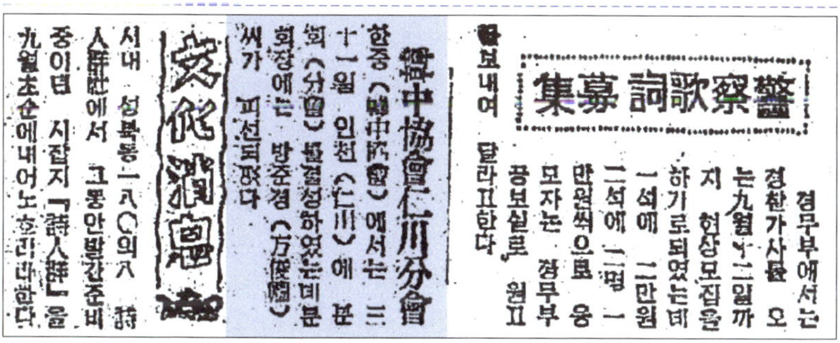

警察歌詞募集

경무부에서는 경찰가사를 오는九월十二일까지 현상모집을 하기로 되었는데 一석에 二만원 二석에 二명 一만원씩으로 응모자는 경무부 공보실로 원고를 보내여 달라고한다

韓中協會仁川分會

한중(韓中協會)에서는 三十一일 인천(仁川)에 분회(分會)를 결성하였는데 분회장에는 방준경(方俊卿)씨가 피선되였다

文化消息

시내 성북동一八○의八 詩人社에서는 그동안 발간준비중이던 시잡지「詩人群」을 九월초순에 내어노흐리라한다

한중협회 관련 기사(『동아일보』 1947년 9월 2일)

의했다. 추대된 임원은 고문 이승만, 총재 김구, 참여 여운형·안재홍 외 7인, 회장 오화영 등이었다.

중국 국민당정부와 국세석인 교류와 연대가 모색되는 와중에 모스크바 3상회의 소식이 국내에 전해졌다. 미·소에 의한 신탁통치안은 자주적인 독립국가 수립을 염원하던 한민족에게 '시한폭탄'이나 다름없었다. 반탁운동을 위한 전국적인 단체가 결성되는 등 뜨거운 감자로 부각되었다. 한중협회도 12월 30일 긴급대책을 모색하지 않을 수 없었다. 이들은 다음과 같은 선언서를 발표했다.

> 미·영·소 3국의 배신적인 조선신탁통치를 반대하고 국내 각 기관은 일제히 궐기하여 대시위운동을 전개하고 있거니와 우리 자주독립의 진정한 동무요 원조자인 재한중국인들도 우리와 함께 자숙휴업을 하고 있다.

한·중 양 민족의 겨레로 결합된 한중협회는 신탁통치반대운동에 관하여 전원이 출석한 가운데 긴급대회를 개최하였다. 이어 「탁치반대결의문, 장주석에게 보내는 메시지, 일반민중에게 보내는 성명서」를 작성하여 신탁통치를 단호히 배격하는 동시에 완전독립에 일로 매진하기를 결의했다.

> 3상회의에서 결정한 신탁통치란 것은 대한민국 3천만의 총의를 무시할 뿐 아니라 장주석을 위시한 중화민국 4억 민중의 의사에도 배치된다고 믿음. 따라서 우리는 양 민족의 이름으로 이것을 절대반대하고 조선의 즉시 자주독립을 요구한다.

한중협회는 해방 이후 귀국하지 못한 재만동포에 대한 구제책을 강구하였다. 당시 언론에서도 재만 동포들의 실상을 보도하면서 동포들의 구제를 촉구하였다.

가혹한 왜적의 착취와 탄압에 견디다 못하여 드디어 고국을 떠나 멀리 북만황야에 물러가서 기구한 생활을 소개하던 200만 동북전재동포 중 60만 명은 작년 8월 15일 해방 후 귀국하였으나 남은 140만 동포는 지금 전화戰禍에 쌓여 생사관계에 직면하고 있다. 최근 귀환한 피난민의 체험담을 들으면 귀국하지 못한 수많은 전재동포들은 조국해방의 기쁨도 일순간! 소련군 진주와 팔로군의 교체 중앙군의 진공 등 이중삼중의 전화로 말미암아 원통하게 생명을 희생당한 자가 적지 않으며 생명들만은 의지하고 있으나 수십 년 동안 천신만고로 쌓아 놓은 생활근거를 하루아침에 송두리째 빼앗기고 가로에서 방황하는 자 또한 적지 않다.

한중협회에서는 동 본부 부회장 김동순金洞淳을 비롯하여 전 회원이 긴급구제책에 대하여 회의를 거듭하는 일방 군정당국의 시급 구출방도를 요망하였다. 이러한 노력으로 군정청에서 원호중앙전형위원회를 개최하고 전재동포가 있는 현지에 사절단을 보내어 구출에 최선을 다하기로 결정하였다. 이 문제는 백여만 동포의 사활문제로서 특히 국내동포의 참다운 동정과 군정당국의 시급한 대책을 요구했다. 귀환한 전재동포 상당수는 주거조차도 제대로 마련하지 못하는 등 동사상태에 직면하고 있었다.

중국과 우호적인 외교관계는 1946년 4월 9일 수도극장에서 한중친선음악대회 개최로 이어졌다. 회교학교·이화여대·이화여고·배화여고 음악부원들이 총출연하는 등 성황을 이루었다. 대한민국정부 수립을 위한 외교활동도 비중이 증대됨에 따라 한중협회 활동도 폭넓게 전개되었다. 초대 중국영사의 한국 부임에 즈음하여 환영회를 개최하는 한편 기구와 임원진 개편도 단행하였다. 고문 이승만·장제스, 총재 김구·손과孫科 등으로 양국 최고지도자를 추대하는 형식이었다. 국제연맹 한국위원회가 서울에 들어올 때 즈음하여 한중협회 임원진은 직접 이들 일행을 방문하였다. 주요 의제는 조속한 대한민국정부 수립을 위한 국제적인 협조였다. 이와 동시에 지회와 분회도 조직하는 등 조직 확대·정비에 박차를 가하였다. 방준경을 분회장으로 하는 한중협회 인천분회 결성은 1947년 8월 31일이었다. 경남지부도 9월 24일 경남도청 회의실에서 결성되었다. 지회장은 일제강점기 신간회운동을 비롯한 문화계몽운동·사회주의운동 등 다양한 경력을 지닌 양산 출신 김철수金喆壽를 선임하였다.

한중협회는 국제적인 우호관계—특히 중국—를 조성하는 등 대한민국정부 수립에 일정한 역할을 담당하였다. 장도빈도 이러한 분위기 조성에 노력하는 등 자주적인 독립국가 수립에 나섰다. 중국과 외교적인 관계뿐만 아니라 학술적인 교류 증대 방안 등을 제시했다. 중국 공산화 이후 대만과 국제적인 신뢰는 대한민국의 국제적인 위상을 제고하는 데 크게 기여하였다.

국학진흥운동을 모색하다

장도빈은 1945년 말 해방 조국에 국학 중흥을 도모하기 위해 권상로를 회장으로 하는 국학연구회를 조직하고 권덕규·이극로·김윤경과 더불

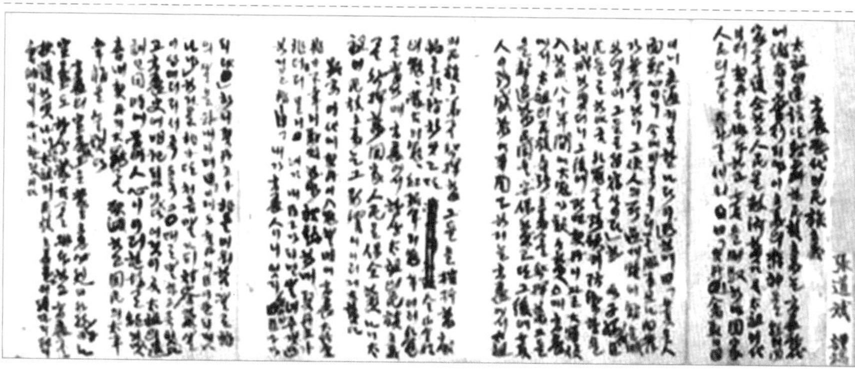

『고려역대의 민족주의』

어 국사·국어·국문강습회를 여러 날 개최하기도 했다. 1949년 3월에는 '우리 민족의 역사를 잘 이해하고 선양함으로써 민족의 고유한 문화와 그것을 통해서 나타나는 민족혼을 천명하겠다'는 취지 아래 한국사료연구회를 결성하였다. 이 연구회에는 장도빈·정인보·명제세·신익희 등 98명이 발기인으로 참여하였다. 특히 기존의 이러한 사업이 일부 전문적인 관계자에만 국한되었던 점을 시정하여 널리 학계 전반에까지 손을 뻗쳐 각계각층의 광범위한 운동이 되도록 도모하고자 했다. 당시 장도빈은 명예회장직을 맡았다. 한국사료연구회의 임원은 다음과 같았다.

명예총재 : 김구·김규식

총재 : 이시영

부총재 : 신익희·안호상

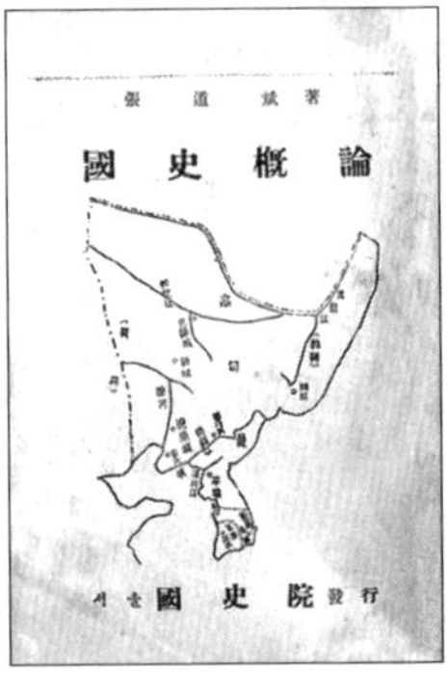

『국사개론』

『국사요령』

『국사』

명예회장 : 정인보 · 장도빈

고문 : 오세창 · 조만식 · 이병도 외 20명

회장 : 남상철

부회장 : 류자후 · 양희석

사무국장 : 조진규

수집부 : 금석길 외 4명

선전부 : 남국희 외 4명

사업부 : 조종규 외 4명

장도빈은 1949년 김규식 · 오세창 · 이범석 등과 더불어 단군성적호유회檀君聖蹟護維會 준비위원회를 결성하였다. 그리고 강화 마니산 제천단에 있는 단군의 성적을 유구히 유지 · 보호하자는 취지로 단군성적호유회를 발족했다. 당시 임원은 조소앙 · 안재홍 · 백홍균 · 윤재근 · 한진국 · 허찬 ·

이기훈·정성진 등이었다. 장도빈과 더불어 신익희·김규식·김성수·안호상·최순주·김갑순·최태욱·정열모·정광조·박원찬·김창숙·배은희·명제세·유봉진 등이 고문을 맡았다. 같은 해 4월 13일 어천절御天節에는 30여 명의 전문가들이 강화도 마니산을 찾아 제천단의 보수와 복원의 필요성을 제기했다. 개천절을 맞이해서 홍익인간의 이념을 홍보·선전하는 데 적극 앞장섰다.

이외에도 장도빈은 순국의열사봉건회殉國義烈祠奉建會에 혁명열사와 선열전기 편찬위원으로 선임되었다. 이준열사추념준비회와 대한국민총회의 발기인으로도 참여했다. 또한 대한독립애국금헌성회를 결성하여 상무위원을 맡았으며 전조선문필가협회의 결성 등에도 적극 관여하였다. 장도빈의 이와 같은 활동은 일제강점기에 무너진 민족정체성을 다시 세우려는 의지가 작용한 것이다. 즉 식민지 잔재의 청산이야말로 진정한 조국광복이라는 그의 신념 때문이었다.

09 민족정기 앙양과 다시 교육활동에 나서다

민족정기 앙양에 노력하다

장도빈은 1947년 3월에 개소한 건국실천원양성소에서 국사 강의를 시작했다. 이어 뜻 깊은 교육사업에도 손을 대었다. 1947년 한국대학을 설립하여 야간대학을 운영한 것이다. 그리고 1947년 11월 3일 정규대학인 단국대학 설립에 관여하면서 초대학장을 맡았다. 이는 장도빈이 시종일관 주장해 온 '민족교육을 통해 민주국가의 동량을 육성하고 나아가 그들의 애국심을 함양함으로써 민족·민주 국가의 초석을 다지기 위함'이었다. 장도빈이 한국대학·단국대학 등을 설립에 관여하여 초대학장으로서 학사행정을 주재하는 동시에 국사를 강의하며 일선에서 민족교육을 실천한 것도 이러한 철학과 연결되었다.

단국대학 설립은 장도빈의 6촌 동생인 장형張炯이 주도했다. 장형은 독립운동 당시 친분이 깊었던 박기홍朴基鴻의 부인 조희재趙喜在 여사로부터 기부를 받아 단국대학의 기틀을 마련하였다. 장형 역시 독립운동에 깊숙이 참여한 인물로 평북 용천에서 태어나 호는 범은梵隱 또는 범정梵亭이고 항일독립운동 시에는 장세담張世淡으로도 활동하였다. 보성전문학교에 재학하던 중 1910년 국권이 피탈되자 학업을 중단하고 만주로 건너가 독립운동에 투신하였다. 1914년 구국제민을 기치로 생겨난 대종교에 입교하고, 1919년 3·1운동 후에는 북로군정서군에 가담하여 독립운동자금 조달에도 앞장선 인물이다. 해방 후에는 대종교의 활동에 더욱 깊숙이 관여하면서 1946년에는 경의원經議院 참의參議를 맡았다. 1963년에는 이미 정교正教의 교질教秩에 올라 홍익대학의 이홍수와 함께 대종교 원로원 참의를 맡았다. 그러므로 장형 역시 일제하에서 독립운동을 주도했던 대종교의 정신을 토대로 조국 광복을 위해서는 무엇보다도 민족의 정통성을 지키는 것이 소중하다고 생각하였다. 그 정통성의 한가운데 단군의 홍익인간 정신이 자리하고 있었다. 단국대학이라는 교명 역시 '단군檀君'과 '애국愛國'에서 글자를 가져와 '단국檀國'으로 하고 단군의 '홍익인간' 정신을 바탕으로 하는 대학을 설립하였다.

근자에 일각에서 단국대의 설립 이념이 단군이나 홍익인간과는 거리가 멀다는 주장이 있어 안타까움이 앞선다. 이러한 관점은 설립에 참여한 인물들의 정신적 가치를 외면한 것이 아닌가 하는 느낌이다. 장도빈이 작사한 단국대 교가 2절에 나타나는 "거룩한 단군성조 그 얼을 품고 배달 땅 이 강산에 태어난 학도"라는 부분에서도 단군과 뗄 수 없는 단국대학의 모습을 확인할 수 있다. 또한 설립자 장형과 대종교의 관계를 살핀다면 더욱더 단국대학이 단군과 떨어질 수 없는 관계임을 알 수 있다. 본질적으로 초대학장을 지낸 장도빈이 애초에는 '단국대학'의 이름

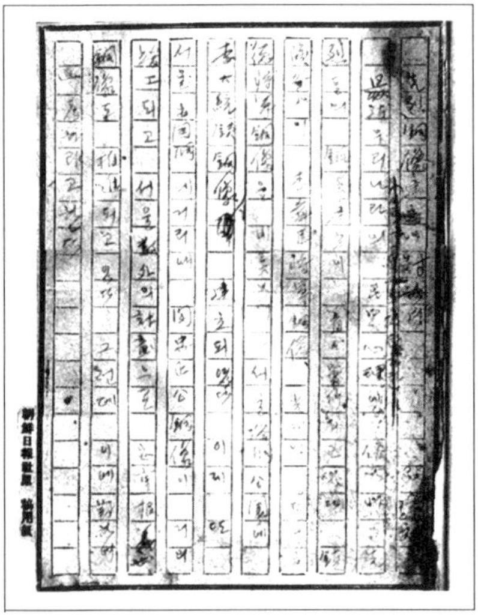

선열동상 건립에 대한 초고

을 '단군대학'으로 명명하려 했었다는 점도 주목된다. 그러나 그 명칭이 너무 국수적인 느낌이 크다는 주변 인물들의 의견으로 포기했다는 증언이 있다. 또한 장도빈이 당시 대종교의 교주였던 윤세복이 방문하면 늘 형님처럼 따랐다는 이야기도 흥미를 끈다. 따라서 장형이나 장도빈의 정신적 배경으로 본다면 단군과 홍익인간을 떼어놓고 '단국대학'이라 이름 지었다고 생각하기 어렵다.

장도빈은 그의 삶 중 단국대학의 설립 참여에 커다란 의미를 부여했다. 장도빈이 그의 생애에서 가장 즐거운 일 네 가지 중의 하나로 단국대학 설립 참여를 꼽고 있음을 보더라도 알 수 있다. 장도빈은 일제강점기 중 대한매일신보사에 입사했던 것과 고적을 발굴·발견하였을 때 그리고 해방 후 단국대학의 설립과 영변에 사는 청년 김정건金鼎建이 영변에 두고 왔던 「팔위인전八偉人傳」 원고 뭉치를 가져왔을 때를 가장 즐거웠다고 한다. 더욱이 대학을 총 책임지는 학장의 자리에 있으면서도 그는 국사 강의에 열을 올렸다. 일제의 굴레를 벗어난 해방 공간에서 장도빈은 우리의 상고사와 사상사를 통해 민족의 정체성을 담은 역사관을 학생들에게 열정적으로 강의하였다.

육군사관학교에서 올바른 군인정신을 일깨우다

오산학교 시절 장도빈의 제자였던 김홍일 장군

장도빈에게 1949년은 의미 있는 해였다. 국방의 동량棟樑을 길러 내는 육군사관학교 교수로 초빙된 해였기 때문이다. 어느 날 군복을 입은 고급 장교가 단국대학 학장실로 장도빈을 찾아왔다. 얼핏 상대를 알아보지 못한 장도빈이 말을 잊지 못하자 스스로 김홍일임을 밝히고 인사를 하였다. 당시 김홍일은 육군사관학교의 교장으로 소장 계급을 달고 있었다. 그는 장도빈이 오산학교 시절 가르친 제자로 한경직 목사의 오산학교 1년 선배였다. 김홍일은 1918년 중국 상하이로 망명하여 1919년 중국 구이저우貴州 강무講武학교에 입학하여 군인이 되었다. 1921년 상해임시정부 국대군國隊軍 창설계획에 참여했으며, 자유시참변 이후 소련·만주 지역 독립군의 총연합을 목표로 발족한 '한국의용군사위원회'에 가담, 1922년 24세에 한국의용군사령관이 되어 항일전을 지휘했다. 1925년 10월 중국혁명군 동로군사령부에 들어가 1945년 4월 광복군사령부 참모장에 취임하기까지 중국군 소장으로 일본군과 싸웠다.

김홍일은 장도빈에게 방문한 사연을 설명하고 육사에 출강하여 국사를 강의해 달라는 부탁을 했다. 강의 대상은 육사 정규 1기로 들어온 학생들이었다. 장도빈은 쾌히 승낙했다. 평소 상무주의尙武主義를 예찬해오던 그였기에 사관생도들에게도 고구려·백제·신라의 상무적 기상을 강

장도빈의 한국정치사가 실려 있는 『단국대학 정치경제 강의록』

조했다고 한다. 그러나 장도빈의 육사 강의는 1950년 6·25전쟁의 발발로 멈추게 되었다.

민족상잔의 아픔은 장도빈에게도 예외는 아니었다. 3일 만에 서울을 빼앗긴 아비규환 속에서 그와 가족들은 피난길에 오르지 못했다. 며칠 되지 않아 북한 정치보위부가 장도빈을 연행해 갔다. 그가 끌려간 곳은 을지로 입구(현 롯데백화점 자리)에 있었던 국립도서관이었다. 북한군은 장도빈이 육사에서 국사를 가르친 것을 문제 삼았다. 장도빈은 올바른 역사인식의 부재가 전쟁 발발의 원인임을 지적하고 원한다면 인민군에게도 국사 강의를 해 줄 수 있다고 당당히 맞섰다. 명분을 잃은 북한군은 이동 제한의 조건을 달아 장도빈을 일주일 만에 풀어주었다. 그러나 그는 1·4후퇴로 또 한 번의 어려움을 겪는다. 당시 장도빈은 가족들을 부산으로 피난시키고 본인은 제주도로 갔다가 다시 부산으로 건너와 곤혹을 면했다. 부산에 있는 와중에도 장도빈은 집필의 노력을 이어갔다. 일부는 잡지에 발표했지만 중요한 저작물은 서울로 돌아온 후에 출판하였다. 『한국정치사』(1955)와 『한국법제사』(1955) 등의 분류사가 장도빈이 부산 시절 집필한 대표적 글이다.

「단국대학교가」를 작사하다

휴전 이후 서울로 올라온 장도빈은 단국대 평교수로 출강했다. 1955년에는 「단국대학교가」의 필요성이 제기되면서 장도빈은 작사 의뢰를 받았다. 며칠을 고민하며 다음과 같은 가사를 완성하였다.

영기찬 백두산의 정기를 받고
한양성 배움터에 모여든 학도
젊은 피 끓는 가슴 부둥켜안고
차연한 앞을 향해 뛰어나간다

받들자 혜당 여사 높은 그 뜻을
빛내자 단국대학 우리의 모교
받들자 범정 선생 굳센 그 뜻을
빛내자 단국대학 우리의 모교

거룩한 단군성조 그 얼을 품고
배달 땅 이 강산에 태어난 학도
학구에 타는 횃불 드높이 들고
한 줄기 빛을 바라 뛰어나간다

받들자 혜당 여사 높은 그 뜻을

빛내자 단국대학 우리의 모교
받들자 범정 선생 굳센 그 뜻을
빛내자 단국대학 우리의 모교

'백두산', '단군성조', '배달'과 같은 어휘에서 볼 수 있듯이 단국대학 건학이념이 그대로 배어있는 가사다. 후렴에 나오는 혜당惠堂과 범정梵亭은 각기 대학설립에 직접 참여한 조희재 여사와 장형의 호다. 단군의 정신을 토대로 설립한 건학자建學者들의 정신을 받들고 빛내자는 것이다.

장도빈은 같은 해에 서울시시사편찬위원으로 위촉되어 서울시 역사를 정리하는데 일조하기도 했다. 당시 서울시장은 5대와 6대에 걸쳐 시장을 역임한 김태선이었다. 최남선·박종화·신석호·유봉영·정의탁 등도 위원으로 함께 참여했다. 장도빈은 1957년 뜻깊은 고희를 맞았다. 당시 단국대학장 윤택중, 진단학회장 이병도, 한국신문발행협회장 김형근, 한국신문편집인협회장 이관구 등이 발기인으로 '장도빈 선생 고희송수연頌壽宴'을 개최하였다. 당시 발기인들이 새긴 청첩請牒 글에서도 그의 투철한 역사의식을 보여준다.

우리 언론계의 원로이시며 국사학자로서 공적이 높으신 산운 장도빈 선생께서, 금년 칠순을 맞이하게 됩니다. 선생은 일찍이 광무光武 연간에 대한매일신보사의 주필로 계시며 구국의 정혼精魂을 기울이셨고, 그 후로 언론계 또 출판문화사업 건설에 많은 공헌을 하셨고, 또 항상 국사연구에 정려精勵하시며, 오늘까지 쉬지 않고 단국대학에서 교편을 잡고 계십니다. 선생은 그 고고청담孤高淸淡하신 지조와 온후근직溫厚謹直하신 덕행과 아울러 심오하신 학문으로서 다년간 우리 문화계 교육계를 이끌어 주셨습니다. 이에 선생의 고희를 송축하는 소연小宴을 다음과 같이 베풀고저 하오니 소만왕림掃萬枉臨하심을 바랍니다.

이러한 기림을 통해 언론인과 국사학자로서 구국의 삶을 돌아보고, 또한 지조와 덕행 그리고 학문으로 우리 문화계와 교육계를 진일보시킨 것을 회고했다.

고희에도 역사서를 저술하다

장도빈이 고희를 맞은 그해 뜻깊은 저술도 내놓았다. 그의 역사의식의 한 획을 긋는 저술이라 할만한 『한국의 혼』(1957)을 발간하여 인물한국사의 토대를 마련함은 물론 한국사상의 연원을 밝혀냈다. 이 책의 1부에는 고구려 동명성왕으로부터 조선조의 이경직 그리고 독립운동지사들까지 망라하면서 '민족혼의 별들'에 대해 서술하고 있다. 또한 2부는 '단군성서록檀君聖書錄'이란 주제로 조선의 시초와 단군, 단군의 역사, 단군성서의 연구, 단군의 고적古蹟, 우리나라의 신인교神人教 등에 대해 논구하였다. 또한 1959년에는 그의 역사연구의 총결집이라 할 『대한역사』를 출판함으로써 50년 국사연구의 완성을 보게 된다. 더불어 같은 해에는 고등고시위원으로도 위촉되었다. 당시 고등고시위원은 고등고시위원선정위원회(문교부장관, 법무부장관, 학술원장으로 구성)의 추천에 의하고 국무

張道斌先生 古稀頌壽宴

請 牒

우리 言論界의 元老이시며 國史學者로서 功績이 높으신 汕耘 張道斌 先生께서 今年 七旬을 맞이하게 됩니다 先生은 일찌기 光武年間에 大韓每日申報의 主筆로 계시며 救國의 精魂을 기우리셨고 그후로 教育界 또 出版文化事業 建設에 많은 貢獻을 하셨고 또 恒常 國史研究에 勤勵하시며 오늘까지 쉬지않고 檀國大學에서 教鞭을 잡고계십니다 先生은 그 擴高精讀하신 志操와 溫厚勤直하신 德行과 아울러 深奧하신 學問으로서 多年間 우리 文化界 教育界를 이끌어 주시였읍니다 이에 先生의 古稀를 頌祝하는 小宴을 다음과 같이 베풀고저 하오니 掃萬枉臨하심을 바랍니다

一、時日 十二月十三日(金)午後四時
一、場所 서울大學校 教授會館 (醫科大學構內)
一、會費 五百圜

檀紀四二九○年十二月五日

發起人
檀國大學 尹宅重
震檀學會 李丙燾
韓國新聞發行人協會 金亨根
韓國新聞編輯人協會 李寬求

貴下

장도빈의 고희 송수연 청첩장

원사무국장이 제청하여 대통령이 임명했던 자리로 그만큼 명예로운 자리라 할 수 있다. 장도빈의 한학과 국사에 대한 남다른 실력을 인정받은 덕분이었다.

그의 한학에 대한 실력을 가늠할 수 있는 일화도 있다. 국문학자요, 한학자였던 양주동이 평양 숭실전문학교에서 교편을 잡고 있을 때의 일이다. 어느 날 양주동이 한문서적을 뒤적이고 있었는데, 그중 한자 세 글자를 해석하지 못해 애를 먹었다. 한학에 대해 자부해오던 양주동이었다. 그는 장도빈을 찾아 해석을 부탁했다. 장도빈은 즉석에서 그 난제를 가볍게 설명하였다. 양주동은 이를 듣고 이후로는 장도빈을 한학의

진국공로 문화훈장을 받을 당시 말끔하게 양복을 차려 입은 장도빈의 모습

최고로 쳤다.

장도빈의 삶은 한마디로 조국의 흥망과 함께한 애국의 삶이었다. 식민지 공간에서는 오로지 조국광복을 위해 필봉을 휘두르고 국사를 외쳐댔던 그였다. 또한 해방 공간에 들어서도 우국충정의 필봉과 역사연구는 멈추지 않았다. 장도빈이 나라사랑의 열정을 품고 언론인·역사학자·교육자로 살아온 그의 평생에 대한 보답으로 그의 조국 대한민국은 건국공로 문화훈장을 수여했다. 그때가 1962년 10월이다. 그리고 1년 후인 1963년 9월, 그는 76세의 나이로 영면하였다.

민족주의 역사관을 견지하다 10

민족주의사관으로 한국 통사를 집필하다

장도빈의 삶은 그 모든 것이 조국 광복과 번영에 직결되어 있다. 그의 역사연구나 교육활동 그리고 언론출판활동과 종교적 관심까지 나라사랑의 큰 틀과 연결되어 있었다. 일제강점기 장도빈과 더불어 『학생계』를 꾸리던 오천석의 회고를 보자.

> 선생은 독립운동에 언론창달에 도서간행사업에 육영사업에 일생을 바친 선각자이며, 일제의 온갖 위협과 유혹에도 절개를 굽히지 않은 참다운 애국지사였던 것이다.

독립운동과 언론·출판과 교육 부문의 선각자로서 일제와 타협하지 않은 장도빈 올곧은 성품은 여기에서 알 수 있다.

산운 선생도 역시 애국애족·자립자강·자작자급이나 건전한 신문화의 도입과 발전이라고 생각하셨음이 틀림없다. 왜적을 막고 국가의 독립을 굳게 수호하는 데는 무엇보다도 건전한 민족주의 확립이라고 생각하셨으며 자주독립의 정신 아래 새문화의 수입 그리고 소화라고 생각하신 줄 믿는다.

그에 대한 이러한 추억에서는 독립정신의 토대가 민족주의의 발로였음을 알게 해 준다.

장도빈의 삶에서 독립운동의 정신적 배경은 민족주의사상과 뗄 수 없다. 더욱이 그가 저항과 자강의 방법으로 택한 역사·언론·출판·교육·종교 방면의 근저에도 장도빈의 민족주의적 가치관을 외면하고는 이해할 수 없다.

장도빈은 그가 역사를 연구하게 된 동기를 다음과 같이 고백했다.

내가 20세가 됐을 때는 불행히도 우리 구한국이 멸망한 때였다. 일본의 침략으로 나라가 망하여 민족이 노예가 된 것을 보자, 나의 뇌에 자극된 바는 아주 심각했다. 그리하여 일생동안 그것을 잊어버리지 못하고 우리 국가 민족의 독립 회복만을 기원하였다. 그러나 불초한 나로서 무슨 신통한 방법은 없고, 다만 하나의 방법으로 국사를 연구하고 선전하여 우리 민족의 조국에 대한 애국정신을 함양시키는 것이 필요하다고 생각되어 국사에 대한 연구와 선전을 계속하게 되었다.

후일 장도빈을 평가함에 "특히 선생은 일본의 한국병합이 거의 확실해지자 독립정신을 고취하는 데는 국사교육이 가장 중요하다고 생각하여 국사연구에 힘써 임종 직전까지 국사의 연구와 저술에 심혈을 기울인 국사학계의 대선진大先進으로서 많은 저서와 유고를 남겨 놓고 있다"는 해석은 독립정신과 국사연구의 불가분성을 연결시키고 있다.

그중에서도 우리의 관심을 끄는 것은 민족주의사학자로서의 그의 면모다. 선생은 한말 일제의 침략으로 암운이 감돌던 위기의 시대에 태어나 신구겸수新舊兼修의 학문을 닦고 구국의 길이 국사연구에 있다고 보고 이에 노력한 지식인이었다. 선생은 이로부터 수난기의 일제강점기를 거치면서 민족광복 후에서 1960년대 초에 이르는 민족사의 격변기를 몸소 겪은 유일한 민족주의사학자요 근현대사의 증인이기도 하였다.

박영석은 위와 같은 평가를 통해 민족주의 사학자로서 장도빈을 꼽고 있다. 민족주의사학이란 실학시대와 계몽기의 사학을 비판적으로 계승하면서 한말·일제하에 발전된 역사관으로 일정하게 민족주의 운동의 기반과 민족주의사상의 한 유파流派로서 역할을 감당한 학풍이다. 흔히 한말·일제하에 걸쳐서 민족주의사학을 주도한 대표적 인물들을 편의상 세 부류로 나눌 수 있다. 제1기인 1900~1920년대의 박은식·신채호, 제2기인 1920~1930년대의 문일평·정인보·안재홍, 제3기인 1930~1940년대의 이인영·손진태 등이 이러한 인물들이다. 제3기의 이인영·손진태는 신민족주의사학으로 구분되기도 한다.

당시 민족주의사학의 일반적 특징을 보면, 첫째 그들의 사관은 강렬한 민족의식의 기반 위에 형성되어 있다는 점이다. 그들에게는 국사연구가 독립 투쟁의 최상의 방법으로 인식되었다. 둘째 그들의 연구 영역이 고대사에 치중되어 있다는 점이다. 신채호·정인보·안재홍이 그랬다. 이들은 고대사에서의 우리 민족의 영광을 강조하고 민족의식의 근원을 거기서 발견하려 하였다. 그리하여 단군을 강조하고 부여·고구려의 강성함을 자랑하며, 그 시기의 찬란한 문화와 넓은 국토는 중국에 필적할 수 있었다고 내세웠다. 과거에 중국과도 맞설 수 있었던 우리나라, 거기에서 일제하의 현실적인 민족적 모순을 타개하는 역동적인 힘을 끄집어낼 수 있다고 보았다. 마지막으로 역사 발전의 주체를 인식함에 있어서 처음에는 영웅사관에서 출발하여 민중을 역사의 주체로 보는 사관까지 점차 발전해 갔던 점이다. 박은식과 신채호는 한말에 영웅을 역사의 주체로 보았고 1920년대에 와서는 민중을 주체로 보았다.

장도빈 역시 이러한 역사풍과 크게 다르지 않았다. 위의 시기로 봤을 때 그는 1기~3기의 흐름을 관통하여 살아온 인물이다. 나아가 광복 이후에서 1960년대 초에 이르는 민족사의 격변기를 몸소 겪은 유일한 민족주의사학자요, 근현대사의 증인이었다. 또한 장도빈의 사학은 언급한 민족주의사학의 특징·요소와도 모두 부합한다. 먼저 국사연구가 독립투쟁의 최상의 방법이라는 특징은 장도빈 사학정신의 전부다. 또한 우리 민족의식의 근원을 고대사를 통해 발견하려 한 점도 일치한다. 더욱이 마지막에 나타나는 영웅 중심의 역사관에서 민중 중심의 역사인식으로 옮겨간 것도 마찬가지다. 그는 한국사에 나타나는 위인전과 더불어 민중의식의 각성을 일찍부터 발견한 인물이었다. 이 점은 1916년에 저술한 『국사』의 말미에서 이미 나타나고 있다. 장도빈의 민중주의에서 주목되는 것은 그 정신의 출발을 단군에서부터 찾고 있다는 것이다. 그는 민중주의가 우리 민족의 소질素質에 매우 근접한 가치임을 전제로 단군시대로부터 연면히 이어져 왔음을 강조했다.

> 아인我人의 고래古來 정치주의를 고考하건대 대개 민중주의가 아인의 본색이다. 단군시대로 관觀하여도 곧 민중주의니, 피고사彼古史 소위 '신인神人강우태백산단수하降于太白山檀木下 국인공립위군國人共立爲君'은 곧 민중의 의사로 군君을 입立하여 국國을 이理한 증거요, 오국시대五國時代에 기조箕朝를 제除하고는 대개 다 민중정치니, 그중에 삼한은 꼭 연방민주정치라. …… 삼한의 외外에 부여도 민중주의적 정신이 많았다. …… 삼국은 군주정치가 되엿으나 또한 다 민중주의가 많았나니, 고구려·백제·신라·가야에 다 각부各部가 있고 그 각부 내에 또 각各히 소부小部가 있으매, 각부의 대인大人·관리 및 각 소부의 촌장 등은 대개 민선民選으로 되엿나니라.

해방 이후 창간한 그의 『민중일보』의 제목이나 여러 사설에서도 이러한 민중의식이 잘 드러나고 있다.

장도빈은 1916년 『국사』를 시작으로 1959년 『대한역사』까지 총 10여 권의 통사를 저술하였다. 그의 저서들은 대개 내용이 서로 중복되고 있으며 서술체제나 특징이 거의 비슷하게 맞물린다. 그중 『대한역사』는 장도빈 역사연구의 결정판으로 그의 사관이 잘 집약되어 나타난다. 『대한역사』는 그의 50년 국사연구의 내용을 수렴한 것으로 「한국상고사」·「대고구려사」·「백제사」·「신라사」·「발해사」 등의 다섯 부분으로 짜여 있다. 특히 「한국상고사」 부분을 〈상고조선사〉와 〈열국사列國史〉로 나누고, 〈열국사〉 영역에 부여사·조선사·마한사·진한사·변한사·예국사濊國史·옥저사沃沮史를 서술하고 있다.

고대사 연구로 식민사관을 극복하다

이 글에서는 고대사를 중심으로 한 장도빈의 역사인식을 잘 드러내 줄 수 있는 관점을 특징적으로 드러내기 위해 '단군실재론檀君實在論', '열국·남북국론列國南北國論', '대륙강역론大陸疆域論', '만·맥이족론滿貊異族論'이라는 개념을 설정하여 서술해 보려 한다. 물론 '영웅사관론英雄史觀論'이나 '대고구려론大高句麗論' 등등의 여러 관점을 상정해 볼 수 있겠지만 여기서는 언급하지 않았다.

'단군실재론'이란 말 그대로 단군이 신화가 아닌 역사적 인물이라는 관점이다.

> 최초 건국 시대에 있어 우리 민족의 지도자는 단군으로, 단군의 이름은 왕검인 고로 이 시대의 조선을 단군 조선 혹은 왕검조선이라 하여 왔으나 『제왕운기』·『고려사』 등의 서書에는 단군조선을 전조선前朝鮮이라 하고 열국시대의 조선을 후조선이라고 칭하였다.

이와 같은 기술을 통해 단군 역사의 실재와 단군이라는 인물의 역사성을 드러냈다. 그는 『제왕운기』나 『고려사』 외에도 『삼국유사』·『삼국사기』「고구려본기」〈동천왕〉·『동국사략』·『동국여지승람』·『조선태조실록』·『세종실록』·『문헌비고』·『조정수비명趙廷壽碑銘』·정지상의 『팔성제문八聖祭文』·『동사강목』·『해동역사』·『응제시주』 등의 내용을 들어 단군과 단군역사의 실재를 주장했다. 그리고 단군 역사의 실재를 재확인하고 일제 관학자들의 한국사 왜곡을 다음과 같이 공박하고 있다.

> 단군의 역사는 확실히 실재實在한 역사로, 고대 역사와 고적古蹟 그리고 단군 국조숭배의 민족 관습 등으로 보아 명백히 단군은 실재했던 인물임을 알 수 있다. 그런데 왜인倭人 곡학자曲學者들은 단군설檀君說이 600여 년 전에 저술된 『삼국유사』에서 출발한 것으로 그때 몽고의 압박을 받는 중에 민족의식을 높이기 위해 단군설을 만들어 내게 된 것이라고 운운하고 있는데, 이러한 의도는 무엇보다도 왜인들이 우리나라 국사를 망쳐 놓으려고 하는 데 있는 것이다.

이러한 인식은 1920년대 신문에 기고한 글에서도 확인되고 있다. 장도빈은 이 글에서 일본인들이 단군이 없다고 주장하지만 그것은 정치적 감정에서 나타난 발상이라고 비판하였다. 앞에 언급한 역사서들의 수록 내용을 근거로 제시하면서 단군사가 600여 년 전에 처음 만들어졌다는 일제 관학자들의 주장은 전혀 근거 없는 망설이라고 밝혔다. 더욱이 우리나라 학자들 중 일부가 일제 관학자들의 설을 그대로 믿고 단군을 부

장도빈이 『조선사편수회사업개요』와 자신의 저작 『대한국사』를 건네주었던 박창암

정하는 것에 대해서는 단호히 용서할 수 없는 일이라고 못 박았다.

이것은 19세기 말부터 나타난 일제 관학자들의 단군부정론과 그 영향을 받은 한국 사학계에 대한 공박이기도 했다. 단군조선을 부정하는 일제 식민사학의 첫 기록은 동경제대의 시라토리 구라키치白鳥庫吉에 의해 주창되었다. 시라토리는 1894년에 쓴 『단군고檀君考』에서 단군사적은 불교설화에 근거하여 가공된 이야기에 불과하다고 비하했다. 이어 나카 미치요那珂通世가 1897년 『사학잡지』에 장편으로 발표한 「조선고사고朝鮮古史考」라는 논문에서 "단군왕검은 불교승도(삼국유사를 지은 일연을 지칭)의 망설이요, 날조된 신화"라고 조작했으며 이어 1921년 이마니시 류今西龍는 『단군고』를 통하여 단군을 철저히 부정했다. 장도빈의 '단군실재론'은 이러한 일제 관학자들에 대한 통렬한 비판이었다. 또한 장도빈이 이병도의 역사인식을 공박한 것 중의 하나가 단군부정론과 밀접한 관련성을 지닌다. 해방 이후 장도빈이 자기를 찾아온 박창암에게 『조선사편수회사업개요』와 자신의 저작인 『대한국사』를 건네주면서 이병도의 역사관을 신랄하게 비판한 것이 그것이다. 장도빈은 이병도가 '단군은 가짜다', '한국은 독립한 사실이 없다', '한국은 민족이 아니고 자연발생된 집단이다'라는 일본이 한국을 능멸하기 위해 조작한 역사인식를 그대로 받아들였다고 생각하였다.

'열국·남북국론'을 제창하다

다음으로 '열국·남북국론' 역시 장도빈 역사인식의 특징 중 하나라 할 수 있다. '열국·남북국론'이란 일제 관학자들의 한국사 인식에서는 나타나지 않았던 개념, 즉 열국시대와 남북국시대를 시대구분으로 설정한 것을 의미한다. 우리 역사에서 열국시대란 지방분권적 다종족 연합국가인 고조선의 붕괴로 인해 나타나는 시기라 할 수 있으며, 남북국시대란 통일신라시대를 부정하고 남쪽의 통일신라와 북쪽의 발해가 병존하던 7세기 후반부터 10세기 전반을 말하는 것이다.

우리 역사에서 '열국'이란 용어가 처음 발견되는 문헌은 이승휴의 『제왕운기』다. 이승휴는 「한사군급열국기漢四郡及列國紀」에서 열국의 대표적 국가로 부여·비류국·신라·고구려·옥저·예맥 등을 열거한 뒤 모두 단군의 한 핏줄임을 적시했다. 장도빈도 이미 1916년에 저술한 『국사』에서 열국시대를 설정하고 있다.

그는 「상고시대」를 「단군조시대와 열국시대」로 구별하였다.

> 단군기원 약 천 년을 지나서 단군조선의 각 지방 소국小國들은 점점 단결하여 7대국大國으로 되니, 곧 조선·부여·마한·변한·진한·예·옥저다.

그는 이러한 의견으로 열국시대의 출현 배경과 국가들을 열거하고 있다. 장도빈 사학에서 이러한 인식은 변함없이 이어져 그의 사학을 집대성한 『대한역사』(1959)에서는 더욱 구체화 되었다. 즉 『대한역사』의

1946년 출판된 『국사』 표지

초두에 나타나는 「한국상고사」 부분을 다시 〈상고조선사〉와 〈열국사〉로 나누고, 〈열국사〉 부분에서 '부여사'·'조선사'·'마한사'·'진한사'·'변한사'·'예국사'·'옥저사' 등으로 열거하며 상세하게 서술하고 있다. 특히 중국의 기록인 『후한서』·『남사南史』·『양서梁書』·『문헌통고』·『후주서後周書』·『북사北史』 등의 기록을 토대로 열국 7개국의 언어·의복·법률·도덕·풍속들이 대개 같은 것으로 보았다. 더불어 우리 민족의 여러 소국들이 연합하여 7대연방국으로 된 이유를 다음과 같이 설명하였다.

- 대외 관계로는 여러 소국들의 분립으로 외경外競이 너무 불리한 고로, 여러 소국이 연합하여 일대 연방을 조직하여 강력한 군대를 양성함으로써 외적의 대항 및 방전防戰에 유리한 것이다.
- 대내 관계로는 여러 소국들이 일대 연방을 조직하여 통일적 세력으로 정치·문화·경제 등의 진보를 달성함에 유리한 것이다.

한편 장도빈은 『국사』를 통하여 한국사의 흐름에 있어 신라와 발해를 남북국시대로 서술하면서 통일신라시대를 부정하였다. 물론 신라와 발해를 남북국시대로 파악한 것은 유득공에서 기원한다. 유득공은 저서

『발해고』「서문」에서 이를 직접 서술했다.

> 백제와 고구려가 망하고 신라가 그 남쪽을 차지하였다. 대씨가 그 북쪽에 있으면서 나라 이름을 발해라 하였다. 그러니 마땅히 남북국의 역사가 있었어야 함에도 고려가 남북국의 역사를 엮지 않았으니 잘못이다.

이처럼 서술함으로써 남북국시대의 인식을 등장시켰다. 그러나 일제강점기에는 발해사가 왜곡된 만선사관滿鮮史觀의 시각에서 취급되어 만주사의 일부로 간주되었고, 심지어 고구려사도 만주사의 영역에서 다루어야 한다는 주장이 나오기도 했다.

20세기 들어 발해사를 민족사의 일원으로 보아야 한다는 인식을 적극적으로 주장한 인물이 신채호다. 그는 발해사에 대해 어디까지나 단군과 부여의 후예로 고구려 구강舊疆을 점유한 우리의 역사라고 단정하였다. 즉 발해 대조영의 혈통을 살펴보면 우리 단군의 자손이며, 거느린 백성들을 보더라도 우리 부여의 종족이고, 그 근거한 강토는 고구려의 옛 강역이라는 것이다. 그러므로 발해를 우리 역사에 기록하지 않으면 어떤 사람들을 기록할 것이며, 어떤 나라를 기록할 수 있느냐고 반문하고 있다.

한편 신라와 발해를 남북조시대라는 인식으로 바라보며 쓴 책으로 『신단민사神檀民史』를 빼놓을 수 없다. 『신단민사』는 민족주의사관 입장에서 1914년에 만들어진 최초의 통사로 대종교 2세 교주를 지낸 김교헌의 저술이다. 장도빈의 『국사』보다 2년 앞서 나타난 이 책은 후일 재만在滿 중학생이나 사관학도들의 국사 교재로 활용되면서 독립의 의지를 기르는 젊은이들의 역사인식 고양에도 도움이 되었다. 김교헌은 『신단민사』에서 시대구분을 상고上古·중고中古·근고近古·근세近世로 나누고 중고시대를 열국시대와 남북조시대로 구분함으로써 통일신라시대를 부정하였다.

장도빈의 『국사』를 보면 「삼국시대와 남북국시대」를 중고中古 시기로 설정하고 「신라 신문대왕, 발해 태조」, 「신라의 성덕대왕·경덕대왕, 발해의 무왕·문왕」, 「발해 선왕의 중흥, 신라 문명의 고조」, 「신라의 말세, 발해의 성시盛時」, 「신라의 멸망, 발해의 멸망」 등의 장을 통하여 발해와 신라의 흥망성쇠를 대등하게 기록하고 있다. 장도빈의 발해에 대한 인식에는 그가 연해주에 머물던 1912년 고구려와 발해의 유적 답사와도 연결되었을 듯하다.

> 내가 그곳서 국사연구의 재료를 약간 조사하여 노령 연해주에 송왕령은 해삼위의 서북 약 250리에 있는 도시로서 고구려의 책성유지柵城遺址 또는 발해의 동경유지東京遺址인 것을 확인하였다. 그 후에도 고구려·발해의 유적을 실지 조사하는 좋은 기회를 가져 국사연구의 자료로 하였다.

이와 같은 그의 회고에서 알 수 있듯이 그 당시 이미 발해사를 우리 역사의 중요한 부분으로 인식했음이 확인된다.

'대륙강역론'으로 만선사관을 비판하다

'대륙강역론' 역시 장도빈 역사학의 중요한 인식 중의 하나다. 물론 여기서 말하는 대륙강역론은 일제가 만들어낸 만선사관과는 다르다. 주로 일본의 동양사학자들에 의해 만들어진 만선사관은 일견 대륙강역론과 흡사하게 보이지만 그 목적은 한국사를 대륙사에 부용시킴으로써 한국사의 주체적 발전을 부정하고 타율성을 강조하기 위한 것이었다. 즉 한국사의 역사·문화적 독립성을 인정하지 않고 만주와 한반도를 합쳐서 하나의 역사 단위, 문화 단위로 간주하는 사론이다. 이러한 사관의 의도는 만주사를 중국사에서 분리해 중국이 만주에 대한 영토상의 주권을 행사하지 못하도록 역사적 논거를 제시함이 목적이었다.

장도빈의 역사관에 나타나는 '대륙강역론'은 대륙사관과 동일한 의미로, 우리 고대사의 활동무대가 반도를 넘어 중원 일부·만주 전역과 관련된다는 역사인식을 말한다. 그러므로 우리 역사의 흐름은 단군조선→부여→고구려→발해로 연결된다는 인식과 불가분성을 갖고 있다. 이러한 인식의 태동은 조선후기 이종휘의 『동사東史』에서 표면화되었다. 이종휘는 최초로 단군을 본기本紀에 넣고 발해세가를 따로 설정하여 기술하고 있다. 특히 단군조선→부여→고구려→발해로 이어지는 대륙중심의 역사관을 잘 보여주었다는 점에서 주목된다. 또한 신채호는 『독사신론』(1908)을 통해 이러한 역사관을 구체화함으로써 근대 대륙사관의 선구자로 자리 잡은 것이다. 즉 종래의 단군조선→기자→마한→신라로 연결되는 역사인식을 비판하고 단군조선→부여→고구

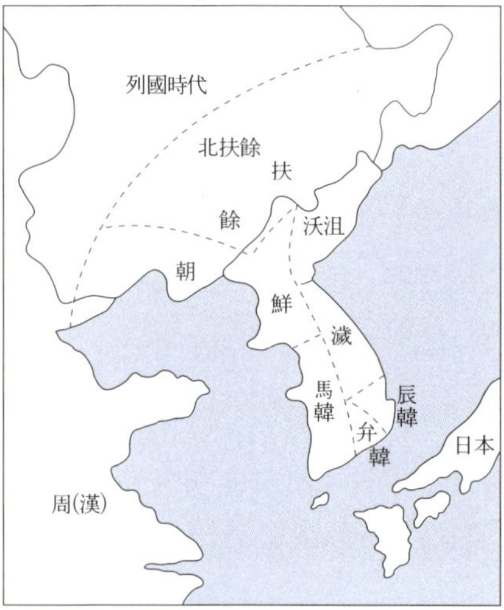

『국사』에 실린 열국시대 강역도

려→발해로 이어지는 인식을 널리 확산시키는 계기를 만들었다.

장도빈 역시 『국사』를 통해 단군조선 때의 강역을 "국경은 동과 남은 해海이고, 서는 난하灤河(중국 롼저우灤州에 위치)에 지至하고, 북은 흑룡강에 지한지라"고 인식함으로써 단군시대의 활동 무대를 만주 전역을 포함하여 멀리 하북성까지 포함하고 있는 것으로 보았다. 이러한 인식은 '열국시대'인 조선·부여·마한·변한·진한·예·옥저의 각 영역을 비정하면서도 그대로 나타난다. 장도빈이 주장하는 열국시대 각 나라들의 강역을 보면 다음과 같다.

- 조선 : 서는 난하이고 북은 압록강 상류, 남은 임진강, 동은 예와 옥저에 접함
- 부여 : 동은 바다이고 서는 요하 상류, 남은 압록강 상류 및 두만강, 북은 흑룡강에 이름
- 마한 : 북은 임진강이요 서남은 바다이고, 동은 변한에 접함
- 변한 : 남은 바다요 서북은 마한에 접하고, 동은 낙동강에 이름
- 진한 : 서는 변한에 접하고 동남은 바다요, 북은 예에 접함

• 예 : 남은 진한에 접하고 동은 바다이며, 북은 옥저에 접함

• 옥저 : 남은 예에 접하고 동은 바다요, 서는 조선에 접하고 북은 두만강으로 부여와 경계함

이처럼 인식함으로써 단군시대의 강역과 크게 차이가 없다. 그리고 장도빈의 대륙강역 인식은 고구려 시기에도 그대로 나타난다.

즉 고구려 전성기의 강역이 서쪽으로는 요하를 건너서 5백 리로 산해관 동쪽의 대부분을 차지했고, 북쪽으로는 흑룡강, 동쪽으로는 연해주 전부, 남쪽으로는 충청북도까지 차지했다는 것이다. 또 그 넓이가 동서 6천 리와 남북 6천 리에 달했음을 강조했다. 특히 남북국시대에도 발해의 강역을 다음과 서술하였다.

> 문왕 대흥大興 50년(785) 이래에 흑룡강 남의 말갈이 다 발해의 속령屬領(『당서唐書』에 '정원貞元 이후에 말갈 전부가 발해에 복속하였다'고 기록한 바, 당의 정원이 곧 문왕시대이다)이 되었고, 선왕 건흥建興 초년(820)에 해북海北의 흑수말갈 제지諸地를 평정하므로 흑룡강 북에 있던 말갈까지 다 발해의 속령이 되었다. 발해의 5경 16부 60주는 곧 만주의 길림성·봉천성·흑룡강성과 연해주의 전부, 조선반도의 함경남북도·평안남도를 포괄한 대영토로서 동서가 5천여 리, 남북이 5천여 리요, 흑룡강 북北 속령까지 있었다.

이러한 강역 비정은 우리 고대사에 있어 장도빈의 대륙강역론의 판

도를 보여주고 있다.

한편 장도빈 역사인식의 특이점 중 하나로 '만·맥이족론'이 주목된다. '만·맥이족론'이란 만주족滿洲族과 맥족貊族이 우리 민족의 계통과는 다르다는 인식이다. 장도빈의 이 인식은 당시 민족주의 사학자들의 일반적 시각과는 구별되는 독특한 견해라 할 수 있다.

먼저 신채호는 만주족에 대해 구체적인 종족관을 보여주진 않았다. 그러나 1908년에 저술한 『독사신론』을 보면 기존의 기자→마한→신라로 이어지는 한족韓族 중심의 정통론을 부정하고, 부여주족론扶餘主族論을 제기한다. 즉 부여족이야말로 "우리 신성종족 단군자손이다"라고 밝히면서 동토東土의 주인공임을 내세우고 있다. 한편 만주족의 원류가 되는 말갈족과 여진족을 이해함에는 고구려·발해와 불가분의 관계에 있음을 피력하고 있다.

> 본래 고구려의 속부屬部로 함경도·황해도 등지에 거한 자이러니, 고구려가 신라에 탄입呑入하매, 구려句麗 유신遺臣이 차此를 솔하고 요심遼瀋 등지에 천입遷入하여 발해국을 창설하던 바인데, 지나支那 대금大金·대청大淸의 양도兩度 제국帝國도 모두 차족此族의 건설한 바요.

박은식 역시 그의 저술인 『몽배금태조夢拜金太祖』(1911)에서 만주족이 단군의 후예임을 드러냈다.

> 오호라, 우리 조선족과 만주족은 모두 다 단군대황조의 자손으로 오랜

옛날에는 남북으로 나뉘어 서로 경쟁하기도 했고, 또 서로 통하기도 했는데, 필경은 통일이 되지 못하고 분리되면서 두만과 압록을 경계로 이루어 양쪽의 인민이 왕래도 하지 못하고 각기 살은 지가 천여 녀이 되었다. 이에 따라 풍속이 같지 않게 되고 언어가 통하지 않아 서로 남 같이 생각하면서 다른 종족처럼 되었다.

또한 민족주의 사관에 중요한 동력을 제공한 김교헌도 박은식·유근 등과 더불어 엮은 『단조사고檀祖事攷』(1911)를 통해 남방족인 조선족과 북방족인 만주족 모두가 단군혈통인 '배달족'이라고 인식했다.

만주족이 우리 민족과는 다르다는 장도빈의 인식은 1916년에 이미 나타난다.

태고시대에 만몽滿蒙지방에는 다수한 민족이 경쟁적으로 활동하였는데, 그 대개를 말하면 아래와 같다. 태고시대 만몽지방에 있어 우리 민족이 최선두에 서고, 그 다음에 만주인(숙신·읍루·물길·말갈·여진·금·야인野人·만주·청), 몽고인(몽고·원元), 토이기인土耳其人(흉노·돌궐), 동호(오환·선비), 거란(거란·요遼) 등의 다수한 민족이 있었다.

그는 이와 같은 인식 속에 우리 민족이 가장 문명하고 용감하여 여러 다른 민족을 이기고 만주와 한반도를 점유하게 되었다고 했다. 장도빈은 이러한 인식을 1930년대 들어 더욱 구체화했다. 1932년 『동아일보』에 연재한 「조선사」를 보면 우리 조선 민족이 만주족과 구별됨을 다음과 같이 분명하게 주장했다.

> 우리 조선인은 곧 조선 민족이니 지금 이천수백만 인의 조선인은 곳 고래로 조선祖先을 동일히 하고, 혈통을 동일히 한 유일의 조선 민족이다. …… 대개 아세아 인종을 그 언어의 계통, 발달의 경로, 풍속의 유래 등으로 보아 삼대파로 할 수 있나니, ① 서비리아파西比利亞派(조선인, 만주인, 몽고인 등), ② 중국파(한인漢人, 묘인苗人, 안남인安南人 등), ③ 해양파(일본인, 비율빈인比律賓人 등)와 조선인은 곳 아세아인종 중에 서비리아로 발달한 여러 민족 중의 일민족으로서, 그중에 가장 먼저 문명한 역사를 가진 민족이다. …… 혹인들은 조선인을 만주족과 혼동하는 수 잇으나 그는 아주 오산이다. 만주인은 금일에 이미 한인과 다 동화하였지만 청조淸朝는 곧 만주인의 왕조요, 만주인의 유족이 지금도 수백만 될 터인데, 이들은 곳 고대의 숙신인의 자손이니 숙신인은 고대부터 흑룡강 남북에 잇서 거금 약 4천 년 전부터 부락이 정착된 듯하매, 그 시대에 그들이 숙신이라 칭하얏나니, 그때는 우리 조선의 단군조선 곳 전조선前朝鮮 대라. 그 후 우리 열국시대에 숙신이 점점 그 명칭을 변경하야 압려鴨盧(읍루니 중국인은 읍루라 서書하고 조선인은 압려라 서하얏다)라 하고, 혹은 그 고대 명칭을 인용하야 숙신이라 한 시時도 잇섯는데, 우리 삼국 중엽까지 숙신이란 명칭을 용한 사事가 잇섯고, 그러나 삼국시대에는 그들을 흔히 말갈이라 칭하얏고, 남북국시대에도 그들을 말갈이라 칭하얏고, 고려시대에는 그들이 여진이 되엿고 고려 중기에는 그들이 금인金人이 되엿고, 고려 말세에는 다시 여진이라 칭하얏고, 조선시대에나 그들을 야인野人으로 칭하얏

다가, 조선 중세에 그들이 만주인·청인이라 칭하얏나니 …….

특히 "어떤 사람들은 조선인을 만주족과 혼동하는 수 있으나 그것은 아주 오산이다"라는 강조 어구에서는 신채호나 박은식 혹은 김교헌과 구별되는 장도빈의 독특한 역사 인식을 강조한 것이라 할 수 있다.

장도빈의 맥이족론貊異族論도 당시 민족주의 사학자들의 인식과는 거리를 둔 역사관이다. 일찍이 신채호는 『독사신론』에서 우리 민족東國民族의 6대 종족의 하나로 토족土族의 개념을 설정하고 고대 남북한 지역에 거주했다고 주장했다. 그리고 삼한의 각종 부락이나 동쪽의 예맥 등이 여기에 속한다는 인식이다. 앞에서 언급한 『단조사고』에 보면 「배달족원류倍達族源流 단군혈통檀君血統」이라는 도표를 통해 조선·예·맥·북부여·옥저·숙신 등이 모두 배달족으로 단군혈통임을 강조했다. 또한 김교헌이 1914년에 출간한 『신단실기神檀實記』 「족통원류族統源流」에서는 "단군의 자손을 배달종족이라 한다. 나뉘어 5파가 되었는데, 첫째는 조선족, 둘째는 북부여족, 셋째는 예맥족, 넷째는 옥저족, 다섯째는 숙신족이다"라고 설명하고 있다. 그리고 예맥족을 부연해서 다음과 같이 설명하고 있다.

예맥족은 두 종족을 합쳐서 이르는 것이니, 곧 예와 맥이다. 이들은 모두 고구려족으로 들어갔다

장도빈은 1916년부터 예는 열국시대에 포함해 단군혈통으로 보았

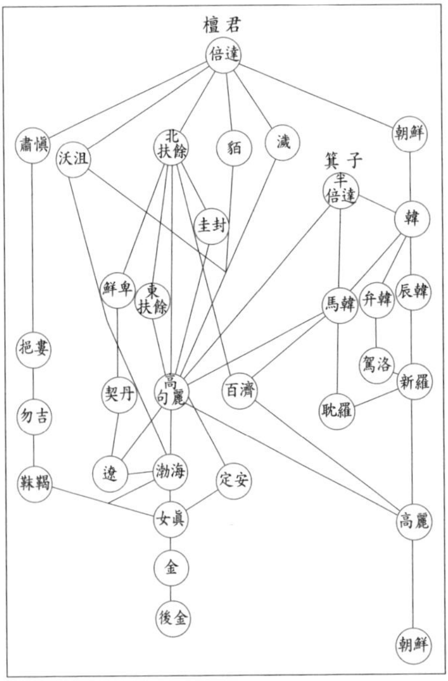

『단조사고』에 실려 있는 「배달족원류 단군혈통」

으나 맥에 대해서는 언급하지 않았다. 1930년대 신문에 연재한 「조선사」에서는 예와 맥족을 구별하고 맥족이 결코 우리 민족이 아님을 다음과 같이 주장했다.

조선인은 맥족과도 아주 다른 민족이다. 맥족은 상고시대 내몽고의 동부 지역에서부터 장춘·길림 부근까지 거주한 듯한데, 중국에서 말하는 맥이란 바로 이곳을 말하는 것이다. 맥족은 우리가 열국시대에 들어갔을 때 부여에 서서히 격퇴되어 동남쪽으로 내려오다가 한 무리는 양수梁水 부근(만주 환인현 부근)에 거주하여 양맥梁貊이 되었고, 한 무리는 더욱 동으로 내려와 춘천지방 곧 당시 예의 영토 내에 거주하여 예맥濊貊이 되었으니, 그러므로 예와 예맥은 아주 별개의 나라다. 즉 예는 조선인의 나라요, 예맥은 맥족의 나라다.

즉 장도빈은 맥족에 의해 만들어진 양맥과 예맥은 모두 우리 민족과는 다른 종족의 나라요, 예만이 조선족의 나라임을 말하고 있다.

미래지향적인 교육관을 제시하다 11

민족주의교육에 주목하다

교육은 사회생활에 필요한 지식이나 기술 및 바람직한 인성과 체력을 갖도록 가르치는 조직적이고 체계적인 활동으로 인간 진화를 위한 최고의 기능이라 할 수 있다. 그러한 교육의 기능을 특정 세력을 위한 지배의 합리화에 부용시킨다면 왜곡된 의식의 창출로 이어질 수 있다. 일제강점기 식민지교육이 그 대표적 사례가 된다.

일제강점기 교육은 크게 식민지교육과 민족주의교육으로 대별할 수 있다. 식민지교육이 지향한 목적은 한국인에 대한 우민화교육愚民化教育을 통한 황국신민화에 있었다. 식민지적 삶에 부합한 생활양식이나 의식구조 등을 창출하여 기형적인 정치·경제체제를 강화함은 저들이 추구하는 궁극적인 의도였다. 식민지 문화정책 중 가장 중요한 영역은 바로 교육정책인 사실에서 이를 엿볼 수 있다. 반면에 식민지교육에 대한 저항으로 민족주의교육 시행이나 교육운동이 표출되었다. 피지배민족은 자국 언어나 역사·지리교육 등을 중심으로 주체의식을 함양하는 동시에 자주정신을 고취시켰다. 이는 식민지 통치 권력에 맞서 민족정체성과 민족정신을 각성시키는 등 현실모순 폭로로 이어졌다. 나아가 교육·청년·사회단체 등과 결합하거나 연대는 새로운 독립국가 건설에 필요한 인재 양성과 국민주권에 입각한 국가의식을 확산시키는 요인이었다.

교육 방면으로 나타난 장도빈의 행적 역시 넓게는 민족주의교육 범주에서 이해할 수 있다. 그의 삶 대부분이 개인적 이해관계보다 민족구국운동과 관련되었기 때문이다. 교육을 시켜야 한다는 생각은 그의 소학교 교사 생활에서부터 오성학교와 오산학교에서의 민족교육, 해방 이후 한국대학과 단국대학의 참여와 교육활동 그리고 육군사관학교에서의 국사 강의에 이르기까지 이어지고 있으며, 이것은 인간 장도빈의 민족 우선의 가치관과 밀접하다.

일찍이 장도빈은 교육이야말로 '국가 승패勝敗의 원인'이라고 단정하고 20세기 풍조를 긍정적 시류時流로 만드는 최우선의 길이 교육이라고 강조했다. 개개인 간에도 학문의 유무가 우승열패의 중요한 조건이 되는데, 하물며 국가와 국가 사이에는 말할 나위 없다는 것이다. 그 우승을 쟁취하는 원동력이 바로 교육이었다.

> 이러한 현상을 보면 국가 승패의 원인이 교육성쇠에 있음을 가히 알 것이다. 그러므로 국가의 앞날을 추측코져 한다면 그 나라에 교육이 이와 같은지를 먼저 살필 것이다. 우승 건전한 지위를 얻고져 한다면 반드시

급격히 경쟁하는 교육으로 할 것이니, 교육을 버리고 세계에서 우승한 나라가 되기를 바라는 것은 먹을 것을 버리고 배부름을 구함과 다르지 않다.

장도빈은 세상 어떠한 나라이든지 교육을 확장하여 문명경쟁과 진보경쟁의 수단으로 활용함이 더더욱 격렬해진다고 보았다. 그러므로 우리 역시 교육을 고무하여 남들과 경쟁에서 뒤떨어지지 말 것을 그는 외쳤다. 1908년 당시 장도빈이 생각하였던 교육은 국가경쟁과 국가성패의 가장 중요한 요인이었다.

정선된 교과서 편찬은 민족문화의 정수이다

장도빈은 국민교육에 절대적 영향을 끼치는 교과서의 역할에도 주목하였다. 통감부가 학부에서 발간하는 교과서에 대한 검정을 실시하는 등 국가정신이나 민족의식을 담은 내용을 철저하게 배제했다. 장도빈은 국권회복을 위한 민족주의교육에 앞장서야 할 학부가 이를 방기할 뿐만 아니라 오히려 이러한 분위기 조성에 매진한다고 비판하였다. 나아가 장도빈은 '국적 있는 교육' 즉 애국심을 배양하는 교육만이 진정한 민족교육임을 강조하면서 "유망惟望건대 세군은 뇌중심중腦中心中에 한국은 불멸망이라는 육자六字를 심명深銘하여, 부父는 시是로 자子에게 전하며 형兄은 시로 제弟에게 수授하여 영구불망하면 피학부彼學部가 아무리 한국을 멸망케 하나 교과서는 난만爛漫하나 한국은 불멸망하느니라"는 깨우침을 강조하고 있다. 즉 '한국은 멸망하지 않는다'는 글귀만 마음 깊이 새기면 결코 우리는 망하지 않는다는 교육적 계명을 새기고자 한 것이다.

1910년 일제강점기로 들어선 시기 장도빈의 교육관은 보다 구체화된다.

1910년 8월에 한국은 마침내 일본에게 멸망당하였다. 단군 건국 4천여 년에 처음으로 망국을 당한 우리 민족은 분개한 마음을 참지 못하는 중에 조선총독부의 악정은 우리 민족의 생활과 자유를 모두 박탈하였다. 나는 서울에서 망국 전후의 상황을 보고 통탄을 금치 못하는 중에 동지들의 권유로 오성학교에 들어갔다.

이와 같은 장도빈의 회고는 교육관에 독립운동이라는 가치가 가시화되고 있음을 볼 수 있다.

장도빈은 오성학교 학감으로 취임하여 가르칠 때 학도들을 애국자로 육성하는 데에 초점을 맞췄다. 그는 학도들의 정직과 용감성을 찬미하고 반드시 독립운동의 선구자가 될 인재들을 육성하는데 심혈을 기울였다. 후일 장도빈이 오성학교 출신인 최팔용·한위건·김도원 등 3·1운동의 선구적 역할을 한 인물들을 자랑스럽게 말한 것도 이러한 이유일 것이다. 오성학교가 폐지된 배경 역시 장도빈의 회고처럼 독립운동 교육과 직결되고 있다.

그러나 이 학교는 설립 당시부터 독립운동의 정신으로 시작되어 끝까지

이 주의主義로 맹진猛進하기 때문에 일본인은 매우 싫어하여 마침내 총독부에서 오성학교를 폐지하였다.

망명 이후 블라디보스토크에서 경험은 그의 교육에 대한 확신을 더욱 굳게 만들었다. 즉 일제강점기로부터 독립을 위해서라도 올바른 교육을 통한 한국인의 환골탈태가 꼭 필요하다는 생각을 갖게 되었다. 장도빈은 블라디보스토크에서 한국인들의 삶을 보고 느낀 감회를 세 가지로 꼽았다.

첫째, 한국인들의 나태한 삶을 보고 세계적인 낙오자라고 생각했다.
둘째, 한국인들이 수많은 움집 생활 속에서 자포자기한 삶을 사는 것이 느껴진다고 했다.
셋째, 한국인들의 찌들어진 가난을 보고 희망이 없음을 보게 된 것이 그것이다.

특히 장도빈은 그곳의 한국인이 벗어나지 못하는 가난의 원인으로 다음의 이유를 제시했다.

- 한국인은 일을 잘하지만 계속하지를 않는다. 곧 1일 노동하여 2일 식량을 벌면 1일은 휴식하고 식가食價가 진盡하여야 또 노동한다.
- 한국인은 노동하여 금전을 벌면 대개 곧 낭비하여 술도 마시고 여흥 구경도 간다. 그리하여 저축이 되지 못한다.

• 한국인은 대개 원려遠慮가 없이 장구한 경영이 없으므로 목하目下의 일만 생각하고 내핍생활을 인내하지 못한다.

이 대목에서는 문득 변절 이전 춘원 이광수의 회고가 떠오른다. 비슷한 시기 만주와 연해주를 다니며 느낀 감회가 흡사하기 때문이다. 이광수는 "이 동포들은 얼마 배우지도 못한 조국의 전통을 가지고 남의 나라 땅에 와서 땅 파먹고 아들 딸 낳고 살고 있었다. 만일 지혜로운 지도자들이 본국으로부터 와서 그들에게 더 잘사는 법을 가르쳤더라면 얼마나 더 좋았을까"라는 감회로 교육의 간절함을 드러냈다. 더욱이 가난하게 살아가는 한국인들의 모습을 묘사한 이광수의 다음 글에서는 장도빈이 느낀 감회가 그대로 오버랩 되고 있다.

> 나는 서간도에도 가보고 북간도에도 가보고, 봉천(펑톈)·상해·북경(베이징)·동경(도쿄)·대판(오사카)·해삼위, 해외에 우리 동포들이 많이 사는 곳을 대개 돌아보았거니와 어디를 가도 공통한 것은 가난이었다. 그 위에 또 공통한 것이 있다고 하면 서로 미워하는 것이라고 할까.

더욱이 1920년대에 들어서도 세계적인 낙관 상황과 대비시켜 "이 좋은 세계 이 문명 진보한 세계에 아등我等은 어떠하뇨. 아등의 세계는 아직 사막세계沙漠世界니라. 아등의 세계는 아직 암흑세계니라. 아등은 아직 문명 진보의 세계에서 낙오되니라. 그러므로 정신계로나 물질계로나 다 퇴보한 인민이요, 정신계로나 물질계로나 다 진보하여야 될 인민이니라"라는 지적을 통해 우리의 처지를 한탄하고 있다.

교육은 인습을 타파하는 최선책이다

장도빈은 한국인의 삶이 낙오된 근본 원인을 나태성 곧 게으른 관습에서 찾았다. 나아가 이러한 나태성이야말로 일본제국주의보다도 더 무서운 우리의 적이라고 확신했다. 그리고 다음과 같은 해결책을 제시하였다.

> 나는 연구한 결과에 한국인은 배워야 한다고 생각하였다. 정신적으로나 지식적으로나 기술을 새로 배워야 한다고 생각하였다. 다시 말하면 한국인은 올바른 교육을 받는 것이 곧 독립을 회복하는 초보라고 생각하였다.

즉 나태함과 가난을 벗어나기 위해 교육이 필요하며 그것은 곧 조국 독립과도 직결됨을 깨닫게 된 것이다. 그가 부패한 사회 현실 속에서 그나마 학생들에게 부패를 씻어낼 희망을 걸고 "우리 학생처럼 책임 큰 학생은 없으리라"고 외쳤던 이유도 같은 맥락이었다. 그러므로 장도빈은 그가 귀국한 후에 이어지는 학교·언론기관·출판회사 설립 등을 통한 일련의 활동들이 교육과 무관치 않음을 보여주고 있다. 물론 이러한 활동이 농려이, 블리디보스도크에서 얻은 느낌이 행동화된 것임도 빼놓을 수 없다. 그는 이전에도 교육의 필요성을 주장했지만 블라디보스토크에서 얻은 느낌이 크게 보탬이 되었음을 고백했다.

장도빈이 1920년대 들어 최팔용·송진우·박이규·강매·김필수 등과 더불어 「조선교육계의 변천」이란 주제로 강연하는 것이나 박일병·김활란 등과 「이상적 조선교육」이란 주제로 연설했던 것도 이러한 노력의 실천과 연결된다. 당시 그는 「사회문제, 세계문제」라는 글을 통하여 소학교와 중학교의 열악한 현실을 개탄했다. 심지어는 인도에도 수천 명의 대학생이 있음을 부러워하면서 정치가들에게 대학 설립을 강력히 촉구하기도 했다. 더불어 그는 러시아의 도서관 현황을 언급하면서 적어도 조선 전역에 100개의 도서관은 있어야 한다는 의견도 피력하였다. 1922년 신문에 발표한 글에서는 단결·교육·공업을 강조하면서 다시 교육의 필요성을 피력했다.

> …… 둘째로는 교육문제이니 금년에도 입학지원자가 10배, 20배나 넘치는 것을 보면 조선인의 교육기관이 어떻게 완비치 못한 것을 짐작할 것이오, 작년에는 입학한 아이의 수효가 겨우 십만 명 내외이니 배울 나이에 달한 아이의 수효 중에 백 분의 넷에 불과한지라. 구미 각국은 백 명에 구십오 명이 으레히 입학하고 일본도 작년도 통계를 보면 백 명에 구십팔 명이 취학하였다 한즉 조선 아이의 백에 대한 넷이라는 것을 가지고야 어찌 그들과 생존경쟁을 할 수 있겠습니까. 이는 실로 조선민족의 존폐흥망이 달린 문제라. 이를 생각하면 누구나 놀라고 마음이 떨리지 아니할 수 없을 줄로 생각하오. 그러면 우리는 아무쪼록 시급히 학교를 설립하야 적어도 한 면一面에 두 학교二校의 보통학교는 있어야 할 것이오.

이 글에서는 교육기관의 확충을 강조하고 있다. 당시 구미에서는 100명 중 95명이 입학을 하고 일본에서도 100명 중 98명이 취학을 한다는 통계를 전제로 100명 중 4명밖에 배움의 길을 걷지 않는 우리의 현실을 개탄하였다. 또한 교육기관의 확충이 우리 민족의 존폐흥망과 직결된다고 진단하면서 한 면에 두 학교一面二校는 설립되어야 하는 당위성을 역설했다. 일제강점기 삼면일교제三面一校制에 의한 공립보통학교 체제가 정립된 시기가 1930년대라는 점을 고려한다면 장도빈의 일면이교 설립의 주장은 우리 스스로의 각성 촉구인 동시에 일제에 대한 저항 표출이었던 것이다.

이렇듯 장도빈의 교육 가치는 민족구국운동과 초지일관 연결된다. 국가경쟁과 국가성쇠의 중요한 수단으로 인식된 교육이 망국 이후에는 독립운동의 일환으로 연결되었다. 또한 그에게 나태와 가난을 극복하는 일차적 방법이 교육으로 인식되었으며 그러한 노력이 궁극적으로 조국 광복으로 이어진다는 확신도 보여주었다. 더불어 교육문제 해결을 위해 학교 설립을 늘려야 한다는 물질적 중요성을 강조한 것은 가치와 외형이 어우러지는 교육관을 지녔음을 보여준다.

12 계몽성과 대중적인 언론을 지향하다

신문에서 일제침략을 고발하다

전통적으로 언론이란 매체를 통해 자신의 생각을 알리는 행위로 정의된다. 또한 언론이란 '신속하고 정확한 정보 전달'이라는 기본적 기능 외에도 그 집단에 속한 공동원들의 올바른 여론을 형성하는 역할과 더불어 필요한 정보들을 구성원들에게 제공하는 기능을 담당한다. 그러나 비정상적인 집단에서는 왜곡된 정보와 조작된 여론 형성으로 사회의 통제 기능으로 이용되는 수도 있다. 통감정치 이후 우리나라도 일제의 왜곡된 정보와 조작된 여론에 의해 통제당하였다.

장도빈이 언론에 참여한 시기는 망국을 눈앞에 둔 시기였다. 당시 일제의 한국 언론통제정책을 보면, 이미 1906년 통감부가 설치되면서부터 시작되었다. 당시 통감으로 온 이토 히로부미는 1906년 9월 사실상 통감부 기관지로서 일본어 신문인 『경성일보』 창간을 지시하였다. 경성일보사는 통감부의 재정 지원으로 운영되었고 통감부 총무관장이 그 감

현재 서울시청 자리에 신축된 친일신문 경성일보사 사옥(1914)

독을 맡았다. 이토 히로부미는 한국 통치 방법의 하나로 한국인과 외국인들에게 일본의 식민통치를 정당화하려는 선전을 위해 이 신문을 만든 것이다. 1907년 7월 '광무신문지법'을 만들기 이전까지 이토 히로부미는 한국인들이 만드는 통감부에 반하는 신문을 직접 통제하는 것보다는 한국인들의 신문에 대응하는 신문을 만들어 통감부의 정책을 선전하는 것이 더 낫다고 생각한 듯하다. 그는 "언론의 자유를 금압하면 음모 및 비밀결사를 구성할 우려가 있다"는 인식 아래 오히려 통감부 기관지를 만들어 이에 대응하려고 하였다. 그는 『경성일보』만이 아니라 영자지 『Seoul Press』도 만들었다. 그러나 결국 한국어 신문들의 통감부 비판 기사를 견디지 못하고 1907년 7월 신문지법을 만들어 본격적인 통제에 나서게 된다. 그리고 그의 뒤를 이은 소네 아라스케曾彌荒助 통감 역시 언론에 대한 본격적인 탄압 정책을 지속시켜갔다.

장도빈이 망국시절 『대한매일신보』와 『권업신문』에서 휘두른 필봉, 『서울』·『학생계』·『조선지광』 등의 잡지 발간을 통한 활동들은 이러한 왜곡된 언론에 대항이라는 측면과 직결된다. 장도빈의 언론활동은 애국계몽과 독립운동의 방편이었다. 또한 해방 이후에 『민중일보』를 창간하여 역사의식을 고취하려 한 것이나 조선신문협회의 전신이라 할 조선신문주간회朝鮮新聞主幹會의 대표를 맡아 언론 발전에 일조한 것도 그의 우국충정과 맞닿아 있다.

장도빈이 『대한매일신보』에 참여한 1908년은 일제의 대한 언론 정책이 이토 통감을 넘어 소네 통감에 의해 진행되던 시기였다. 또한 『대한매일신보』와 같이 큰 영향력을 가진 신문이 일제의 한국 침략 정책을 정면으로 반박하고 나서자 일제의 탄압은 더욱 가중되었다. 당시 『대한매일신보』의 논설은 총무로서 경영과 집필을 총괄했던 양기탁과 주필로 활동한 박은식·신채호 등이 주로 맡았다. 일각에서는 장도빈이 『대한매일신보』의 주필로 참여한 것이 확실치는 않다고도 하나 여러 정황상 참여한 것이 확실한 듯하다.

국문판 발행 당시 대표적인 논설 주필은 신채호이고, 박은식이 1907년 국문판 창간 당시에서 『황성신문』으로 자리를 옮기기 전 6개월 조금 안 되는 기간 논설을 집필했다. 그 외에 일부 장도빈과 양기탁이 집필했을 것으로 생각된다.

먼저 장도빈이 『대한매일신보』와 인연을 맺은 그 순간부터 그의 언론관은 우국과 항일이라는 가치와 연결될 수밖에 없었다. 『대한매일신보』의 필봉 자체가 그러한 정신과 직결되었기 때문이다. 『대한매일신보』의 설립 목적은 독립투쟁에 있으며, 항일운동의 날카로운 기개를 통하여 일본의 대한침략을 외국인들에게 알림은 물론 해외 한국 동포들에게 독립사상을 크게 고취했다. 그러므로 통감부를 비롯한 일본인들은 극도로 『대한매일신보』를 미워했으며, 이완용 내각 기관지로 부일매국을 선도했던 『대한신문』 그리고 일진회의 기관지로 한일합병을 주장했던 『국민신문』과도 대립되었다. 당시 『대한매일신보』는 홀로 항일·배일의 기치를 들고 주변 분위기와 대립했기에 그 구성원들에 대한 감시와 위협은 살벌했다. 안중근이 하얼빈역에서 이토 히로부미를 격살하였을 당시 장도빈과 신문사 사원들이 술을 마시고 축하했다는 회고를 보더라도 대한매일신보사의 항일 분위기를 짐작하고도 남는다.

일제의 강압으로 『대한매일신보』는 폐간의 기로에 섰다. 장도빈은 할 수 없이 사직서를 제출한다. 항일언론의 요람을 떠나게 된 것이다. 비록 시대 상황에 쫓겨 『대한매일신보』를 떠났으나 장도빈의 항일 필봉은 그곳에서 잉태되었다. 그의 언론관에 조국광복이라는 무게중심이 확고히 선 것도 『대한매일신보』의 경험에서 기인하였다. 이후 장도빈의 언론관은 이러한 정신에 중심을 두고 우리 사회를 적극적으로 변화시키려는 정신으로 나타났다. 언론인으로서 장도빈의 모습을 기억하는 지인의 회고가 눈에 띈다.

> 선생은 약관 때 이미 초창기의 일간지인 『대한매일신보』의 한 기자로 논설위원으로서 한말의 부패한 정치와 노도 같이 밀려드는 외국의 세력에 내항하여 우리 민족의 민주정신과 독립정신을 고취하는 데 열렬한 필진筆陣을 펴 크게 이바지하였을 뿐 아니라 해방 직후에는 『민중일보』를 주관하며 걷잡을 수 없는 혼돈 속에서도 사회질서를 외치고 민족정기를 앙

양하는데 심혈을 기울였던 일이라든지, 또는 전국적인 언론단체의 효시인 신문편집인협회 창설 당시에는 그 발기인으로서 언론자유와 신문인 권익을 옹호하는 데 진력하셨던 모든 일이 눈앞에 생생히 떠오른다.

장도빈의 언론관이 민주정신·독립정신·사회질서·민족정기 등과 연관됨을 보여주고 있다. 특히 장도빈이 『대한매일신보』에 투신하여 논설을 통해 일제의 간계奸計를 폭로하고 독립정신을 고취했다는 기억도 빠지지 않았다. 신채호의 와병으로 장도빈이 논설을 이끌던 1909년 초기에 발표된 『대한매일신보』의 논설에서 언론의 대표적 상징인 신문의 역할을 밝혔다. 문명의 고조를 위해, 장래의 행복을 위해, 개개의 생명을 위해, 지상의 천운을 위해 신문이 앞장서야 하며, 당시 우리 사회가 처한 비참한 상황을 새롭게 고쳐나가고 구원할 수 있는 방편 역시 신문에 있음을 역설하였다. 교육이 바로 우리 민족을 새롭게 하는 것이요, 그 새로움이 곧 독립과 직결된다고 생각한 장도빈의 인식이 그의 언론관에도 그대로 드러난다.

나아가 해방 공간에서 발행한 『민중일보』 사설에서는 민중들이 나아갈 길을 세 가지로 강조했다. '대동단결', '질서유지·근무정근勤務精勤', '자유독립의 신건설'이 그것이다. 즉 주의主義나 사상, 지식과 금전의 유무, 종교나 직업에 상관없이 뭉쳐야 한다는 것이다. 또한 독립자유의 새로운 건설을 위해서는 모든 직업이나 실업에 정성껏 근무해야함을 말한다. 그리고 이를 토대로 새로운 국가가 건설과 함께 완성된 정부가 이루어질 수 있음을 강조하고 있다. 해방된 조국에서 장도빈의 언론관이 단결·질서·정근精勤·자유독립·신건설로 옮겨져 있음이 확인된다.

한편 장도빈 언론관의 일면을 파악하는 데 있어 그의 출판활동을 놓쳐서는 안 된다. 언론과 출판은 대중매체라는 공통점을 갖기 때문이다. 더욱이 전통적 출판의 의미가 인간의 정신적 활동의 소산인 저작물을 인쇄를 통하여 출판물로 구현하는 행위라고 정의됨을 보더라도 알 수 있다. 장도빈은 『서울』이라는 잡지를 주관할 당시 청소년들의 독서열을 다음과 같이 고무했다.

> 나는 우리 청년단체에게 독서열의 증진을 요구하노라. 독서하지 아니하면 지식이 증진될 수 없느리라. 서적은 물론 우리의 선생이니라. 서적을 많이 접함은 곧 좋은 선생을 많이 모시고 교훈 강화를 듣는 것과 같으니라.

독서를 통한 지식의 힘을 강조하면서 책이야말로 위대한 스승과 같음을 강조하였다. 장도빈이 3·1운동 직후 "당시에는 조선인의 발달을 위하여 출판·교육·언론의 삼기三機를 필요하다 여겨서 도서회사·오성학교·조선지광사를 창립하였다"는 고백에서도 언론·출판을 통한 우리 사회의 발전적 변화의 의지가 드러난다.

출판활동은 사회·문화 진보의 초석이다

장도빈은 신문과 함께 잡지의 양적 성장에 대한 기대를 강력하게 주장했다. 장도빈이 출판을 통한 발전적 변화를 기대한 것은 출판이야말로 사회·문화 진보를 위한 최대 이기利器의 하나로 보았기 때문이다. 그는 우리 인류사회가 고른 발달을 이룩하려면 출판물의 보급이 우선되어야 하며, 이것이 없으면 그 사회는 불행해 질 수밖에 없다고 단정했다. 그리고 당시 1,000여 종이 넘는 신문과 2,000여 종이 넘는 잡지를 발간하는 일본의 모습을 비교하면서 보잘것 없는 우리의 출판 현실에 대해 한탄했다. 물론 우리의 초라한 출판 현실에 대한 책임이 일제에도 있음을 다음과 같이 비판했다.

> 이에 대하여 물론 지금 출판제도의 여하한 것을 언급하게 되니, 지금 조선의 출판 제도로 말하면 조선인은 모두 출판물을 경무국警務局의 원고 검열을 받아, 이 검열당국에서 허가하는 것은 출판하고 허가치 아니하는 것은 원고까지 압수되는바, 이는 물론 출판의 취체取締를 엄중려행嚴重勵行함에서 나온 일이다. 그러나 이는 출판자에게 다대한 불편을 주니 그 출판물의 양부良否를 물론하고 검열 전에 출판하는 자유가 절대로 없어 오직 출판 허가를 기다릴 뿐이요, 동시에 일차 제출한 원고를 당국에서 임의로 연기하는 바인즉슨 설혹 선량한 원고라도 그 적당한 시기에 출판되기 극난極難한지라 이로써 출판계에 오는 제반 곤란이 다다하니, 곳 출판이라 함은 대개 인민 사상을 발표하거나 세계의 지식을 소개함인데 이렇게 절대 구속을 당하고 혹 출판되더라도 그 시기가 이미 지난한 지경에 이르면 그 정신의 고통이 얼마나 하며, 따라서 사회 및 세계문화에 대하여 손실이 얼마나 있겠는가. 또 출판업은 실로 인민의 불소不少한 영업인

데 이렇게 출판이 곤란하면 영업상에 대손해가 되니, 가령 출판업자가 그 경영하는 잡지나 서적이 많이 애체凝滯되면 그 영업은 자연 폐쇄의 지경에 이를 것이다.

조선 언론의 자유를 주장했던 요시노 사쿠조

즉 총독부 경무국의 사전 검열이 출판계에 커다란 타격을 주었다는 것이다. 또한 장도빈은 출판이야말로 사회교육에서 가장 필요한 것으로 간주했다. 더욱이 문화적 발달이 저급한 조선 현실의 원인이 출판 성황과 밀접하다는 점을 미국·일본·중국 등의 출판 상황과 비교하며 원통해하기도 했다. 장도빈은 이를 극복할 방법을 세 가지로 제시했다. 첫째, 학자가 많이 나타나 상당한 저작물들을 내놓아야 할 것, 둘째, 일반 사회의 독서열이 증진해야 한다는 것, 셋째, 출판에 관한 법령제도가 상당 부분 개선되어야 할 것 등을 언급했다. 장도빈이 『서울』·『학생계』·『조선지광』 등의 잡지를 통하여 시도하고자 한 바도 그의 이러한 소신과 연관된다.

일제강점기 요시노 사쿠조吉野作造는 "언론의 자유가 없는 조선은 암흑의 천지다. 신문은 모두 반관보半官報이며 오직 하나의 조선어 신문은 총독부의 기관지다. 자유롭게 정책을 비판하는 도쿄에서 인쇄해도 조선에 들어가면 발매금지 처분을 받는다. 문학잡지인 『청춘』조차 원고 검열을 받고 있다. 조선어 타이프라이터(타자기)는 총독부에 몰수되었다. 내지인의 다수조차 총독부에 불평하고 있다. 일본 내지에서도 아직 언론의 자유는 없지만, 내지만큼 언론의 자유를 조선에도 주어야 한다. 구체적으로 말하면 내지에서 인쇄 발매되는 것을 조선에서도 금지해서는 안 된다. 내지인과 조선인을 만족시키려면 언론의 자유를 인정해야 한다. 차별·무인정치·동화정책을 철폐하고 언론의 자유를 인정하라"면서 일본인 스스로 언론의 자유를 잃어버린 조선의 상황을 개선하기 위해 언론 자유를 인정해야 함을 역설하였다.

장도빈의 언론관 역시 이러한 시대 인식에서 출발한다. 그리고 흔히 일제강점기의 언론운동이 민족의 의사대변·민족운동의 지원·사상과 문화의 발전·언론자유의 획득 등 네 가지 목표에 따라 전개되었다고 이해한다면 장도빈의 언론관도 이와 같은 범주에서 결코 벗어나지 않는다.

민족 고유 신앙에 주목하다 13

단군신앙으로 한민족의 나아갈 길을 밝히다

장도빈 종교관의 핵심은 단군과 관련된다. 조선사상사의 흥망성쇠를 단군과 연결해 이해했기 때문이다. 그는 단군조선시대의 사상을 민족 집단생활과 제천祭天에서 찾았다. 집단생활의 중심에 단군이라는 존재가 이러한 사상을 크게 이루고 지도하였으며, 우리 민족이 만유를 주재하는 하느님이라는 존재를 이때 이미 깨달았음을 강조했다.

> 단조시대 천여 년에 이 민족단취생활의 사상이 계속 발휘되야 민족의 안녕 발달을 성취하니라. 동시에 제천의 사상은 더욱 성하야 단조 이후에 급及하였나니, 곧 단군부터 제천을 행하였다 하고 당시 제천사상이 단군을 중심으로 하야 이것이 너욱 광포廣布되고 후세에 전파되야 종교적 발달을 성成하니라.

장도빈은 우리 민족의 종교적 기원을 단군제천으로부터 찾았다. 그러나 단조 천여 년 이후 중국문화의 점입漸入으로 인해 풍기가 흐려지고, 특히 기자箕子의 귀화 이후 서쪽 지역이 더욱 흔들리면서 사상의 변동이 일어나기 시작했다고 파악했다. 흥미로운 것은 이러한 인식이 20세기 초 단군신앙의 대표적 교단인 대종교의 인식과 일치한다는 점이다.

즉 기자가 귀화하며 들여온 팔조교에 의해 단군조의 종지宗旨가 쇠퇴되었다는 대종교 전래 문적의 기록은 기자 귀화 후 그 지역부터 단군신앙이 흔들렸다는 장도빈의 인식과 일치하고 있다. 일제강점기 장도빈과 대종교의 관계는 기록이 없고 해방 이후에 참여한 기록만이 있을 뿐이다. 특히 1954년에는 이시열李時說·박창화朴昌和와 함께 대종교의 종사편집부倧史編輯部 주간을 맡은 적도 있다. 1957년 9월에는 대종교 예복에 관해서 직접 연구·도안하기도 했다.

장도빈이 1910년대에 박은식·양기탁·신채호·이상설 등 대종교 관련 인물들과 친밀하게 지냈다는 점에서 보면, 이 시기에 이미 대종교적 역사인식과 철학사유를 경험했을 가능성이 높다. 장도빈이 근대 단군신앙을 일으킨 나철을 조선시대의 팔현八賢으로 간주한 것도 주목할 일이다.

> 조선시대의 팔현이 누구인가 하면 곧 휴정(서산대사)·조헌·박지원·정약용·최제우·김정호·나철·주시경이다. …… 나철은 일명 인영寅永이니, 고종 말년에 한일5조약(을사늑약)으로 국가가 멸망에 임박하매 비분강개하여 칼을 빼어 오적대신을 죽이려 습격하고 도주하였다가 다른 피의자

들이 잡혀 고생함으로 보고 자진自進하여 자기의 소위所爲인 것을 고백하여 감옥에 들어갔다. 마침내 출옥하여 단군교(대종교)를 주창하여 단군을 숭배하는 종교를 세우고 민족의 애국·독립을 주창하다가 마침내 구월산 삼성사(단군 사당)에 가서 국조 단군께 국가민족의 자주독립을 기원하고 자살하였다. 이렇게 나철 씨는 애국 순교의 조사祖師이다.

이처럼 기림으로써 단군신앙을 일으킨 나철을 애국·순교의 조사로 추앙했다. 장도빈이 단군신앙을 우리 사상사의 정수로 세운 이유도 이러한 인식에서 출발했다.

장도빈은 기자 귀화 이후 조선의 전래 문화를 지키려는 보수파와 중국 문화를 수입하려는 비보수파가 대립하면서 단조의 분열, 열국의 각립, 중국 문화의 동점東漸이 본격화되었다고 보았다. 열국시대에 북방대륙·반도 남부·반도 동북부는 조선 문화를 보수하려는 세력이 점하고 있었고, 서부 지방 기자를 중심으로 하는 세력들은 중국 문화를 수입하려는 사상으로 나뉘었다는 것이다. 그러므로 부여·삼한·예·옥저는 보수파로써 제천을 중심으로 하는 종교를 견지하고 있었고, 기자를 중심으로 한 왕조는 종교도 제천이 아니었으며 민족적 의식이 결핍한 집단이라고 주장했다.

열국시대 말기에는 기씨조箕氏朝가 한족에 의해 망하였으므로 부여·삼한·예·옥저도 점점 쇠퇴하게 된다. 장도빈은 삼국시대에 들어서면서 국가를 확대하고자 하는 국가주의 운동이 발전한다고 주장하였다. 종교적 측면에서는 초기에 제천을 종교적 중심으로 삼다가 삼국 중기

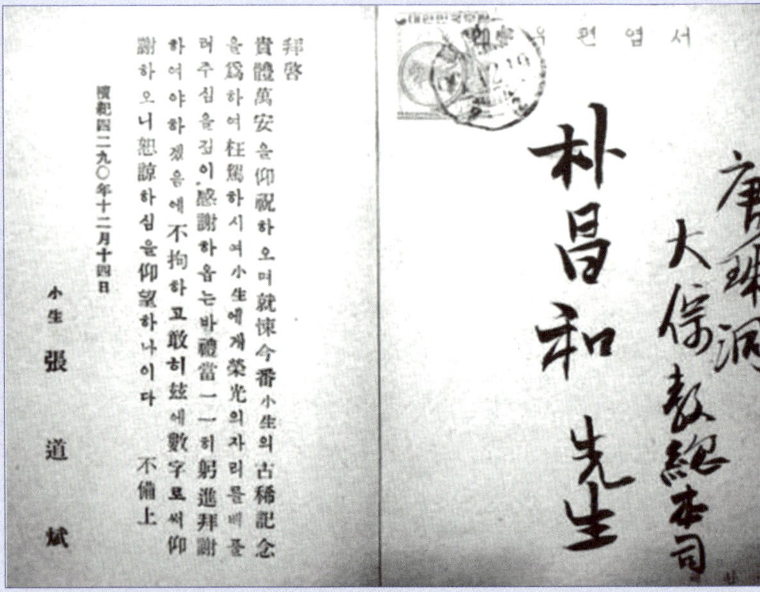

우편엽서

唐珠洞 大倧教總本司

朴昌和 先生

拜啓

貴體萬安을仰祝하오며就悚今番小生의古稀記念을爲하여枉駕하시여小生에게榮光의자리를베풀러주심을깊이感謝하옵는바禮當一一히躬進拜謝하여야하겠음에不拘하고敢히玆에數字로써仰謝하오니恕諒하심을仰望하나이다 不備上

檀紀四二九〇年十二月十四日

小生 張道斌

장도빈이 같은 대종교 종사편집부 주간이었던 박창화에 보낸 엽서

장도빈이 직접 도안한 대종교 예복

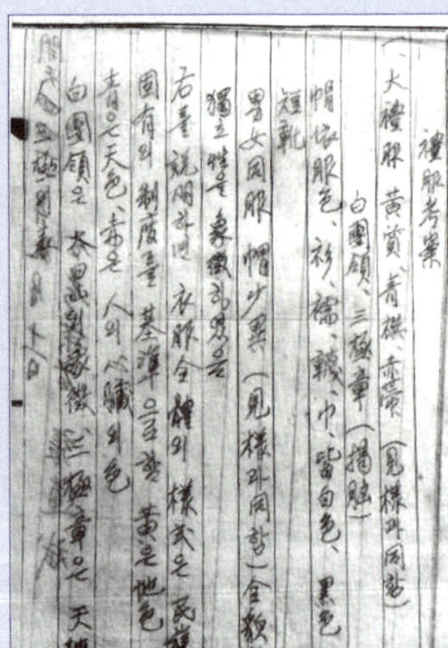

禮服考案

(一) 大禮服 黃貲、靑襟、赤帶 (見樣과同함)

白圓領、三極章 (揷胸)

帽依服色、衫、襦、襪、巾、皆白色、黑色

短靴

男女同服 帽少異 (見樣과同함) 全數

獨立性을 象徵하였음

右를 說明하면 衣服全體의 樣式은 民族固有의 制度를 基準으로함 黃은 地色

靑은 天色、赤은 人의 心臟의 色

白圓領은 ...

장도빈의 대종교 예복 연구안 친필

이후 유교와 불교가 들어와 충효와 예양禮讓, 자비와 우미優美를 중시하게 되었는데, 고구려는 제천과 제조祭祖를 통해 신라에서는 국선 곧 화랑을 통해 불교와 유교에 대치했다고 이해했다. 또한 장도빈은 이 시대 인물들의 사상적 특성을 이해함에서도 독특한 접근을 시도하였다. 즉 고구려의 이문진을 국수주의, 신라의 거칠부는 국사, 고구려의 승려 혜관惠灌을 불교주의, 신라의 원효를 해탈주의로 연결하였다. 이어 신라의 문장가 강수强首는 충효신을 토대로 한 유교주의, 고구려에서 신라로 귀화한 혜량을 팔관과 연결하며 금욕주의, 오계五戒를 설한 원광은 윤리주의, 최초의 화랑이라 전하는 설원랑은 선미주의善美主義, 김유신을 국선도國仙道라는 사상적 특성으로 이해했다. 나아가 장도빈은 단군시대의 종교적 특성인 제천과 제조가 삼국시대 말기에 들어와 급격히 쇠퇴하고 형식적으로 전락했음을 개탄하기도 했다.

한편 장도빈의 이러한 종교관이 보다 체계적으로 드러나는 글이 1957년에 내놓은 『단군성서록檀君聖書錄』이다. 이 책은 단군에 관한 사료와 사적을 추적하여 한국사상의 연원을 밝힌 역작으로 평가된다. 이 글은 1945년 출간한 『조선사상사』에 피상적으로 언급된 단군사상을 종교적 관점에서 구체화했다.

장도빈은 이승휴의 『제왕운기』「동국군왕개국연대」를 단군의 성서를 기록한 것이라고 전제하면서 『제왕운기』에서 인용한 「본기」를 「단군본기」로 인식하고 이승휴의 시대까지 「단군본기」가 존재했음을 확신했다. 또한 단군이 환웅의 가르침, 곧 홍익인간의 대교大敎를 실행하여 조선 전역을 이화理化했다는 것이다. 또한 『삼국유사』에 실린 단군성서

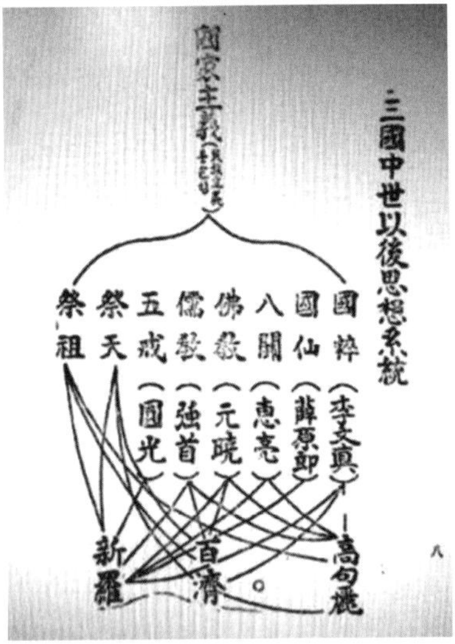

『조선사상사』에 실린 「사상계통도」

를 인용하면서도, 『제왕운기』와 마찬가지로 환인·환웅·단군 등이 단군 교화의 중심인 홍익인간을 실천했음을 강조하고 있다. 특히 단군이 홍익인간의 대교를 세워 우리의 국가와 민족을 지도하였음을 주장하고 있다. 주목되는 것은 장도빈이 말한 '대교'란 이름이다. 이 '대교'라는 명칭 사용은 대종교의 중심인물들이 자신들의 정체성을 강하게 표현할 때 사용하는 용어라는 점을 고려한다면 이 대목에서도 장도빈의 종교관에 투영된 대종교의 영향 관계를 엿볼 수 있다.

『삼국유사』의 「왕력王曆」에 고구려 동명성왕의 아버지인 해모수왕을 단군이라 하고, 동명성왕을 단군의 아들이라 한 동시에 단군이 비서갑 하백의 딸과 혼인하여 아들 부루를 낳았다 하였다. 갑岬은 고구려인이 해변의 산을 지칭할 때 쓴 말로 고구려 지리地理에 갑이 많이 있는 것을 보면 비서갑이라는 기록은 고구려인이 기록한 것임을 알 수 있다. 따라서 고구려인이 기록한 단군의 고기古記가 고려 때까지 전해져온 것을, 일연이 그 내용에 따라 단군의 성서를 기록한 것이 아닌가 한다.

이러한 유추를 통해 일연의 단군관이 고구려를 계승했음을 언급하고 있다. 이것은 고구려를 중요시하는 그의 역사관과도 무관하지 않은 것으로 단군→부여→고구려로 연결되는 대륙중심의 역사인식과 접맥된다.

또한 장도빈은 『삼국사기』·『동국사략』·『고려사』·『동국여지승람』·『동국통감』·『세종실록』·『태조실록』·『문헌비고』·『조정수비명』, 정지상의 『팔성제문』과 『동사강목』·『해동역사』, 권근의 『응제시주』 등에 나타나는 단군성서를 통하여 다음과 같은 판단에 귀착한다.

첫째, 단군을 민중을 지도하여 교화를 행하였다.

둘째, 단군은 민중을 지도하여 나라를 세웠다.

셋째, 단군은 이후의 역대 왕조에서 모두 국조로 숭봉되어, 사묘祠廟를 세우고 국가적 차원에서 제사를 지냈는데, 이는 모든 사람들이 단군의 교화를 봉행한 것이다.

넷째, 단군은 사천 년 전에 이미 세상을 다스려, 그 교화로 말미암아 당시 우리 민족을 개화시켰고 또 동방의 민족을 지도하였다.

다섯째, 단군 이후 사천 년 이래 우리나라는 단군 교화에 의해 민족이 발달하기 시작하였는데, 이는 민족 발전의 영구한 기초가 되었다. 그리고 우리 주변의 여러 민족들도 단군의 교화에 의해 발달하였다.

여섯째, 단군 국조의 지도를 받은 우리 민족은 독립 자유의 생활을 위하여 정의를 세우고 정의를 세우기 위하여 무용武勇에 힘썼다.

즉 단군이 교화의 주체요, 건국의 주체로서 단군조 이후 역대 왕조가 그에 대한 보답으로 봉행의 대상으로 추앙하였다.

장도빈은 단군의 종교적 의미에 대해 단군성서의 내용을 토대로 다음과 같이 해석하였다. 즉 홍익인간과 천부삼인을 이해함에 모든 사람들에게 이익을 골고루 나눠줄 수 있도록 널리 펴게 한 가르침이 홍익인간이며, 천부인 3개를 주었다는 의미는 하늘과 땅과 인간의 일을 모두 맡겼다는 의미로 받아들였다. 또한 환인·환웅·단군의 의미를 삼위일체의 가치로 보면서 "국조 단군은 위대한 성인으로서 민족을 지도하였기 때문에 당시 우리 민족은 단군을 하느님의 자손이라고 믿음과 동시에 단군을 하느님이라고 생각했던 것이다. 그리하여 우리나라는 천자天子의 나라라고 생각하였고, 우리 민족은 하느님의 자손이라고 생각했던 것이다. 따라서 단군성서는 우리나라의 창조기創造記인 동시에 민족문화의 창조기라고 할 수 있다. 단군의 성도聖道는 홍익인간으로 이는 모든 사람에게 이익을 골고루 나누어준다는 것이다. 이 위대한 이념과 교훈이 곧 우리 국가와 민족의 정신 근간인 동시에 기본 도덕이다"라고 파악했다.

여러 역사의 근거를 들어 고대 우리 민족은 하느님이 우주의 대주재자임을 믿었다. 하느님은 광명정대한 인간의 힘을 가진 것으로 믿었으며, 우리 민족이 하느님의 자손이라고 믿는 동시에 인간의 혼이 불멸불사不死不滅한다는 믿음 속에서 하느님의 명령(정의正義)을 좇아야만 행복할 수 있다고 믿었다는 것이다.

고대의 조선인은 천체天帝를 신信한다. 이 천제는 지극히 영靈하며 지극히

선善하며 겸하야 만능의 역力이 잇슴으로 신信하다.

이처럼 그가 국선國仙의 기원을 밝히면서 말한 부분 역시 우리 민족의 하느님天帝신앙을 말하는 것이다. 또한 장도빈이 "종교적으로는 세계 중에 일신교一神教를 아등我等의 선조가 창립하였다"는 단정도 이러한 인식을 뒷받침하고 있다. 특히 그는 단군사화에 기록되어 있는 오계五戒(오사五事 : 주곡主穀 · 주명主命 · 주병主病 · 주형主刑 · 주선악主善惡)가 오사五事와 관련된 것으로 신인교 최초의 계명임을 주장하면서 "신인교의 계명은 우리 민족의 생활이념 내지 건국이념으로서 농업을 주관하고 생명을 보호하며, 건강에 힘쓰고 형벌로 죄인을 다스리며, 선을 가르치고 악을 방지한 그것이었다"는 논리를 펼쳤다. 나아가 이러한 오계가 2천여 년 전 열국시대까지 지켜져 오다가 삼국시대에 이르러 고구려 혜량의 팔관과 신라 원광의 오계로 수정되었음을 주장했다.

신인교를 제창하다

흥미로운 것은 이러한 단군신앙에 대해 장도빈이 지칭한 명칭이다. 그는 당시에 보편화된 대종교나 단군교라는 명칭을 붙이지 않았다. 그는 단군과 관련한 우리 민족 고유의 종교를 신인교라 불렀다. 장도빈은 하늘을 숭배하는 종교가 바로 신인교라고 밝혔는데, 이 교의教義에 수양된 우리 민족은 그 원시적 이념, 곧 독립정신 · 정의주의 · 상무주의를 발휘할 수 있었으며, 이 때문에 우리 민족이 강성한 국가와 민족이 될 수 있었다고 주장했다. 우리 민족정신의 근원이 바로 신인교에서 출발한다는 것이다. 그리고 이러한 신인교의 정신은 삼국시대까지 이어졌다.

> 삼국시대에 이처럼 위대한 국력과 문화를 발전시켜 세계적인 대국가·대민족으로 활동할 수 있게 되었던 원인은 곧 우리 전통의 원시적 종교인 신인교의 지도 이념에서 비롯된 것이다.

장도빈이 지칭한 신인교는 곧 신교를 의미한다. 신교란 '이신설교以神設教'의 준말로 신의 권능으로써 가르침을 베푼다는 뜻이다. 본래 '이신설교'란 『규원사화』의 「태시기太始記」·「단군기檀君記」, 수산 이종휘의 『동사』에 나오는 말이다. 특히 대종교단의 『단군교오대종지서檀君教五大宗旨書』에는 단군신앙의 종지를 드러내는 행위가 바로 신교라고 설명하였다. 또한 역사가들이 이러한 행위를 선교仙教라는 이름으로 칭하기도 하지만 그 연원은 오직 신교라고 밝히기도 했다.

근대에 들어 이러한 신교에 대한 가치를 역사적으로 체계화시킨 인물은 김교헌이다. 그는 우리의 역사를 상고·중고·근고·근세로 나누고 각 시대에 종교편을 두어 신교의 역사적 흐름을 설명했다. 특히 상고 부분에서는 신교의 문호門戶·신교의 배천拜天·신교의 사사祠祀·신교의 구서九誓·신교의 오계五戒·신교의 팔관八關·신교의 별파別派로 나누어 신교에 대한 의미를 자세히 기록하였다.

> 단군께서 신리神理로 인물을 화육化育하시며 신교로 국가를 건설하사, 진

종眞倧의 대도大道를 오훈五訓으로 탄부誕敷하시니, …… 단군께서 천天에 제祭하는 사事를 행行케 하신 후로 역대 상습相襲하여 매 시월十月에 국중國衆이 대합大合하여 천에 제하고 가무고취歌舞鼓吹하니, 그 회會를 부여는 영고라 위謂하고 예와 맥은 무천이라 위하고 진한과 변한은 계음禊飮이라 위하고 마한은 처처에 소도蘇塗를 입立하니, 소도는 사신事神하고 가무歌舞하는 옥屋을 표시하는 대명代名이라. 그 땅에 대목大木을 건建하여 영고鈴鼓를 현懸하고 매년 시월에 국읍國邑이 각기 일인一人을 선選하여 대제大祭를 주主케 하며 명名을 천군天君이라 칭하더라.

이러한 설명을 통해 신교의 연원을 단군으로부터 파악했고, 그 신교의 본질이 천제에 있음을 강조하고 있다. 장도빈이 신인교의 사상적 근간을 제천에서 찾은 것과 동일한 인식이다. 이능화 역시 1922년 「조선신교원류고」라는 논문을 통해 단군성인이 처음으로 나와 신도설교神道設敎함으로써 단군이 신교를 만들었음을 밝히고 있다. 또한 단군의 신교가 후대에도 유전하여 예濊의 무천, 삼한의 천군과 소도蘇塗, 부여의 영고, 고구려의 동맹, 고려의 팔관회 등으로 연면히 이어졌다는 것이다. 단군과 관련됨을 이러한 신교의 자취가 조선시대까지 흘러왔음을 『조선신사지朝鮮神事誌』를 통해서도 밝히고자 했다. 장도빈의 신인교는 신교와 동의어로 단군신앙과 일맥하는 말이라 해도 무리가 없다.

장도빈은 삼국시대까지도 이러한 신인교가 지속되었다고 주장하였다.

朝鮮神敎源流考 李能和

○壇君神敎

『동명』에 실려 있는 이능화의 「조선신교원류고」

삼국 초기에는 고구려가 신인교를 가장 잘 실행하여 하늘에 제사지냄과 무용도武勇道가 대성황을 이루어, 독립자유사상·정의·무용 등이 크게 발달하여 국가와 민족의 대발전을 이룩할 수 있었던 것이나, 삼국 말기에 이르면 고구려보다는 신라인이 더욱 신인교를 잘 실행하여 국선화랑도로 선양되더니, 마침내 신라가 강성해지게 되었던 것이다.

즉 삼국말기에 이르러 위대한 국가와 민족을 성취할 수 있었던 원인을 신인교의 이념 즉 독립정신·정의주의·상무주의를 실천한 결과로 본 것이다.

비록 삼국 중세 이래 유교와 불교를 수입한 결과 민족문화의 발달을 촉진시키기는 하였으나 우리의 국가와 민족이 쇠약하게 되었다는 것이 장도빈의 의견이다. 즉 우리 역사 속에 내려오던 아름다운 문명이 퇴보하게 된 원인들 중에 불교의 미신말류迷信末流가 민성民性과 국력을 타락시켰고 유교 주자학의 폐단이 민족의 정체성族粹과 문화를 부패시켰다고 주장했다. 장도빈은 "세상 사람들은 흔히 말하기를, 신라가 당병을 끌어들여 고구려와 백제를 망하게 한 결과로 사대주의·모화사상이 생겼다고 하나, 그런 것이 아니고 실은 그때 이미 우리나라에 사대주의·모화사상이 생겨났기에 신라가 당병을 끌어들여 고구려와 백제를 망치게 했던 것이다. 만일 그렇지 아니하였다면 어찌하여 신라가 우리의 적인 당나라 군사를 끌어들여 동족인 고구려와 백제를 망하게 했을 것인가 말이다"라고 한탄하였다. 즉 나당연합 이전에 이미 사대적 사상에 함몰되었으며, 그 원인소原因素를 유교와 불교의 점입으로 간주했다. 장도빈은 우리 사회가 쇠약하게 된 원인을 불교와 유교로 인한 민족 정체성 붕괴와 분쟁의 고착화에서 찾았던 것이다.

> 유儒·불佛의 남성濫盛을 따라 민수民粹가 삭削하고, …… 불·유의 파문무派文武의 파派 등으로 분쟁적 관습이 고固하고 …….

더욱이 그는 불교나 유교가 들어오면 조선의 불교·유교가 되지 못하고 불교와 유교의 조선이 되어버리는 현실을 신랄하게 비판하였다. 그리고 이러한 아픈 경험을 새로운 사상을 들여올 때 타산지석으로 삼아야한다고 했다.

장도빈이 이와 같은 폐단을 바로잡기 위한 가치로 내세운 것이 아본주의我本主義다. 아본주의란 말 그대로 '우리를 근본으로 하는 가치'라고 할 수 있다. 그가 내세운 아본주의 정신은 첫째, 조선의 족수族粹와 국사를 존중하는 것, 둘째, 민족주의를 익익발휘益益發揮하는 것, 셋째, 동포의 민족적 운동을 완전 실현하는 것으로 정리된다. 또한 장도빈이 말하는 족수란 국수國粹와 동일한 말로 한 국가·민족에게 고유한 문화의 정화를 말하는 것이다. 이러한 인식은 신채호가 국수란 그 나라에 역사적으로 전래하는 풍속·관습·법률·제도 등의 정신이 바로 그것이라고 역설했던 국수보전론國粹保全論에서 영향을 받은 듯하다.

장도빈은 고려시대 초기에도 단군의 신인교가 존재했음을 다음과 같이 주장했다.

> 고려 태조가 신라 왕조를 계승하여 고려 왕조를 건설하며 열심히 독립주의·정의주의·상무주의를 진흥하였으나, 이때에는 이미 우리 민족이 쇠약한 가운데 있었으므로 결국은 삼국시대의 성세를 회복하지 못하고 한반도 내로 움츠려 들게 되었다. …… 그럼에도 일부 유교도들은 사대주의·모화사상을 점점 더 나라 안에 전염시켰는데, 그 일파인 김부식의 무리는 우리 국사를 전도시키기에 이르렀고, 그 덕분에 국민의 대다수는 사대주의 모화사상에 동화되게 되었다.

신인교의 이념인 독립정신·정의주의·상무주의가 고려 건국 시기에도 있었다는 것이다. 그러나 유교도들의 모화사상에 의해 신인교의 정신이 쇠퇴하였는데, 그 중심에 김부식이 있음을 언급하고 있다.

이 대목에서는 신채호의 「조선역사상일천년래제일대사건」이 연상된다. 신채호는 이 글에서 우리 고유의 낭가사상이 묘청의 서경천도운동의 좌절로 단절되었다고 진단했다. 즉 서경 전역戰域을 역대의 사가들이 다만 김부식이 반적反賊을 친 싸움으로 알았을 뿐이었으나 이는 근시안의 관찰이라는 지적이다. 이 싸움의 본질은 낭郎·불佛 양가 대 유가儒家의 싸움이며, 국풍파 대 한학파의 싸움이며, 독립당 대 사대당의 싸움이며, 진취사상 대 보수사상의 싸움이라는 것이 신채호의 주장이다. 당시 묘청은 전자를 대표하는 인물이었으며 김부식은 후자를 대표하는 인물이었다. 이 싸움에서 묘청 일파가 패하고 김부식 일당이 승리하였으므로 조선의 역사가 사대적·보수적·속박적 사상, 즉 유교 사상으로 함몰되었음을 신채호는 한탄하였다.

이렇듯 장도빈의 신인교나 신채호의 낭가사상의 본질은 동일하다. 모두 단군사상에 뿌리를 두었기 때문이다. 따라서 장도빈이 유교의 극성에 의해 몰락했다고 보는 신인교 인식이나 신채호가 유교와 대립에서 패퇴했다는 낭가사상에 대한 인식 역시 같은 가치판단이라 할 수 있다. 그 유교의 중심에 김부식이 있다는 지적도 동일하다.

장도빈은 이와 같은 유교적 사대주의·모화사상이 몽고의 압제와 병행하면서 우리 민족의 신인교 정신인 독립주의·정의주의·상무주의 정신을 더욱 타락시켰다고 생각했다. 이러한 판단 역시 대종교를 일으킨 나철이 몽고의 침략으로 신교의 제전인 팔관八關이 폐지되었다고 한탄한 다음의 내용과 상통하는 인식이다.

> 몽고의 고려 침학侵虐 이족異族의 혐의嫌疑로다
> 서적문기書籍文記 다 뺏고 교문제전敎門祭典 다 폐절廢絶

나아가 장도빈은 조선조의 건국정신이 유교적 사대주의·모화사상이었다고 주장했다. 이러한 정신을 건국이념으로 삼았으므로 조선은 독립국이면서도 유교적 사대주의를 피할 수 없었다고 말하고 있다. 심지어 장도빈은 조선조 퇴계나 율곡 같은 학문의 거장들도 사대주의 모화사상을 촉진시킨 인물들로 몰아세웠다. 그 사례로 『퇴계문집』이나 율곡의 『기자지箕子誌』 등을 근거로 들었다. 즉 조선조를 대표하는 퇴계와 율곡의 학문 역시 우리 신인교의 정신이 아닌 유교적 모화사상에서 발화한 것임을 직시해야 한다는 것이다. 이렇듯 조선조의 모든 가치가 사대주의·모화사상에 함몰되었기에 우리 신인교의 고유 가치인 독립주의·정의주의·상무주의는 여지없이 파괴되었다는 것이 장도빈의 주장이다. 급기야 건국 사천 년 만에 처음으로 국망國亡에까지 다다른 원인 역시 여기에 있다고 개탄했다.

살핀 바와 같이 장도빈은 유·불 사상에 젖어 우리 민족의 정체성이 붕괴되고 대립과 갈등과 파멸을 맞게 되었다는 논리를 폈다. 특히 유교의 발달은 조국정신祖國精神의 파괴와 허문허례虛文虛禮·이기공론理氣空論을 중심으로 사화당쟁을 유발시키고 한민족 구성원사이에 갈등을 조장하여 국가를 망하게 하는 원인이 되었다고 주장했다. 한마디로 유교망국론으로 귀결된다. 장도빈이 고민한 우리 사상사의 줄기는 신인교의 역사라 해도 과언이 아니다. 그 신인교의 역사가 장도빈 종교관의 전부였으며 그 근저에는 단군이라는 존재가 있었다. 또한 그는 이러한 신인교의 흥망성쇠를 우리 민족변천사의 중요한 변수로 이해했다. 신인교가 곧 우리의 정체성이며 종교관임을 보여준다.

글을 마치면서 14

장도빈은 한쪽으로 치우친 애국지사가 아니었다. 그의 이름 앞에 붙는 수식어로 독립투사·역사가·언론인·출판인·교육가·사회운동가·육영사업가 등등이 열거되는 것을 보아도 알 수 있다. 그는 일찍이 조부의 영향으로 한학을 습득하고 관립 한성사범학교에서 신학문을 경험하였다. 그러한 배움의 경험이 그로 하여금 균형 잡힌 지혜를 통한 용기를 북돋워 주었는지도 모른다.

장도빈은 『대한매일신보』를 접하면서 '민족'이라는 커다란 공동체에 눈을 뜨기 시작했다. 당시 시대의 걸출한 인물들인 신채호·양기탁 등을 만나면서 민족의 역사와 독립에 대한 치열한 인식도 자리 잡아 갔다. 더욱이 신민회의 비밀회원으로 가담하면서 국권회복운동에 동참하는가 하면, 신민회의 지취를 향후 인생의 좌우명처럼 새기게 되었다. 또한 보성전문학교에 입학하여 법학을 전공하면서도 국사연구의 의지를 더욱 심화시켰으며, 망국의 시름을 오성학교의 강의를 통해 달래기도 했다.

연해주 망명 시절에는 최재형·홍범도·이동휘·이상설·백순 등 독립투사들과 교류하면서 이종호가 주관하던 『권업신문』에도 논설을 썼다. 장도빈은 이곳에서 미국의 안창호로부터 초청을 받기도 했으나, 몸이 쇠약해져 미국행을 접었다. 또한 고구려·발해 유적을 직접 답사하여 대륙 강역에 대한 역사적 식견을 넓힌 때도 바로 이 시기였다.

장도빈은 귀국하여 평안북도 영변의 서운사에서 요양을 취하였다. 이때 정리한 원고를 토대로 발간한 역사책이 바로 『국사』이다. 1919년에는 민간신문 『동아일보』 발행 허가를 얻기도 했으며, 곧이어 한성도서주식회사의 설립 참여와 자영출판사인 고려관의 개업을 통해 본격적인 출판 활동에 뛰어들었다. 『서울』·『학생계』·『조선지광』 등 잡지 발간과 『조선사요령』·『조선위인전』·『조선역사록』 등 역사책이 출간된 것도 이 무렵이었다. 또한 꾸준한 고적답사 활동을 통해 연구의 지평을 한 차원 끌어올렸다. 일제강점기 말에는 조선총독부의 교묘한 회유를 거부하고 심산에 은둔하였다.

해방을 맞은 조국에서는 곧바로 상경하여 우익적 성향의 신문인 『민중일보』를 창간하고 좌익 세력에 대항하였다. 조선신문주간회 조직을 주도하여 대표도 맡았다. 장도빈의 교육 열정도 식지 않았다. 특히 새로 설립된 단국대학 초대학장을 맡으면서 교육구국의 일념을 불태웠다. 더욱이 1945년 『조선말년사』를 시작으로 『국사강의』·『국사요령』·『한국의 혼』·『대한역사』 등 수많은 역사연구물의 출간을 통해 식민사학 극복 노력과 함께 한국사의 새로운 지평을 개척하는 데 노력을 기울였다.

한편 장도빈이 저항과 자강의 방법으로 택한 역사·언론·출판·교육 방면의 근저에도 민족주의적 사상관을 외면하고는 이해할 수 없다. 그의 역사연구나 교육활동 그리고 언론출판활동과 종교적 관심까지 나라 사랑의 큰 정신과 연결되어 있음을 보았다.

첫째로 고대사를 중심으로 한 장도빈의 역사인식을 '단군실재론', '열국·남북국론', '대륙강역론', '만·맥이족론'이라는 역사관을 설정하여 이해하였다. '단군실재론'이란 말 그대로 단군이 신화가 아닌 역사적 인물이라는 관점으로 장도빈 역사정신의 핵심이었다. '열국·남북국론' 역시 장도빈 역사인식의 특징 중 하나로 이해했다. 즉 열국시대와 남북국시대를 시대구분으로 설정한 것을 의미한다. 우리 역사에서 열국시대란 지방분권적 다종족 연합국가인 고조선 붕괴로 인해 나타나는 시기라 할 수 있다. 남북국시대란 통일신라시대를 부정하고 남쪽의 통일신라와 북쪽의 발해가 병존하던 7세기 후반부터 10세기 전반을 말한다.

'대륙강역론' 역시 장도빈 역사학의 중요한 인식 중 하나였다. 이것은 일제관학자들의 만선사관과는 다른 것으로, 우리 고대사의 활동무대가 반도를 넘어 중원 일부·만주 전역과 관련된다는 역사인식을 말한다. 이러한 역사인식은 우리 역사의 흐름이 단군조선→부여→고구려→발해로 연결된다는 인식과 불가분성을 갖고 있음도 확인해 보았다. 또한 장도빈 역사인식의 특이점 중 하나로 '만·맥이족론'을 주목해 보았다. '만·맥이족론'이란 만주족과 맥족이 우리 민족의 계통과는 다르다는 인식이다. 만주족이 우리 민족과 다르다는 인식은 당시 민족주의 사학자들의 일반적 시각과는 구별되는 독특한 견해였다.

둘째로 장도빈의 교육관을 살폈다. 교육 방면에서 나타난 장도빈의 행적 역시 넓게는 민족주의교육 범주에서 이해할 수 있다. 그의 삶 대부분이 개인적 이해관계보다는 구국운동과 관련된다는 점과 뗄 수 없기 때문이다. 그의 소학교 교사 생활부터 오성학교·오산학교에서 민족교육, 해방 이후 한국대학·단국대학의 참여와 교육활동 그리고 육군사관학교에서 국사 강의까지 인간 장도빈의 가치관과 밀접하게 연결되어 있음을 보여주었다.

셋째로 출판활동을 포함한 장도빈의 언론관을 살폈다. 장도빈이 망국시절 『대한매일신보』와 『권업신문』에서 휘두른 필봉, 『서울』·『학생계』·『조선지광』 등 잡지 발간을 통한 활동은 일본제국주의의 왜곡된 언론에 대항이라는 측면과 직결됨을 보았다. 그의 언론활동을 구국계몽과 독립운동의 방편에서 이해해야 하는 것은 이러한 측면에서다. 해방 이후 『민중일보』를 창간하여 역사의식을 고취하려 한 것이나 조선신문주간회의 대표를 맡아 언론 발전에 일조한 것도 그의 우국충정과 맞닿아 있다. 더불어 장도빈이 출판을 통한 발전적 변화를 기대면서 우리의 초라한 출판 현실에 대한 책임이 일제에게 있음을 공박한 것도 그의 언론관에 담겨진 왜곡된 힘에 대한 저항이었다.

끝으로 장도빈의 종교관을 살폈다. 그의 종교관의 핵심이 단군과 직결됨도 확인해 보았다. 그가 조선사상사의 흥망성쇠를 단군과 연결시켜 이해했기 때문이다. 장도빈은 단군조선시대의 사상을 민족 집단생활과 제천에서 찾고 그 집단생활의 중심에서 단군이 이러한 사상을 크게 이루고 지도한 존재로 보았다. 만유를 주재하는 하느님이라는 존재를 우리 민족이 이때에 이미 깨달았음을 강조했다. 그리고 이러한 종교현상에 대한 명칭을 신인교라 칭했다. 그가 고민한 우리 사상사는 신인교의 역사라 해도 과언이 아니다. 신인교 역사야말로 장도빈 종교관의 전부였으며 근저에는 단군이라는 존재가 있었다. 이러한 신인교의 흥망성쇠를 우리 민족변천사의 중요한 변수로 이해했다. 장도빈은 신인교가 우리 사상사의 근본이며 종교관임을 확인시켜 주었다.

장도빈의 삶과 자취

1888. 10. 22	평안남도 중화에서 중농 집안 장봉구의 차남으로 출생
1892	할아버지 장제국의 훈도로 5세에 사서삼경을 통독
1893	중화군 백일장에서 발군의 실력 발휘
1906	한성사범학교에 평양감사의 천거로 입학
1907. 3	한성사범학교 속성과 학생들과 국채보상운동에 의연
4. 19	한성사범학교 속성과 졸업. 공립성주보통학교 부교원으로 임명
4. 30	공립성주보통학교 부훈도 임명 취소 부친 장봉구의 사망으로 귀향
1908. 봄	다시 상경. 한성사범학교에서 교편생활을 했던 황성신문사 주필인 박은식의 소개로 대한매일신보사에 입사. 「교육의 성쇠는 국가승패의 원인」을 『서우』 16호에 투고
1909	『대한매일신보』에 신채호와 일주일씩 교대로 논설을 쓰면서 신채호의 역사인식에 영향을 받음. 당시 친일내각과 친일단체인 일신회와 맞서 투쟁을 벌임. 양기탁의 소개로 신민회 비밀회원으로 가담하여 국권회복운동의 선봉에 나섬
1910	대한매일신보사에 근무하면서 보성전문학교 법과를 수학하고 본격적인 국사 연구에 관심
1910. 8	『대한매일신보』에 대한 일제의 압박이 거세지자 스스로 신문사 사직

1910~1911	한일병탄 이후 서울의 오성학교 학감으로 취임하여 국사를 가르침
1912. 1	연해주 블라디보스토크로 망명하는 길에 간도 소영자의 한인중학교에서 국사 강의. 와룡동의 명동중학 방문
4	블라디보스토크 신한촌에서 신채호와 재회하고 최재형·홍범도·이동휘·이상설·백순·이회영·이동녕·이동춘·이종호·이갑 등 독립투사들과 교류
7	백원보가 안창호에게 장도빈의 도미 경비를 요청
8. 6	안창호에게 도미 경비 송부 요청하는 서신을 보냄
1913	안창호의 초청을 받아 도미의 기회를 얻었으나 신경쇠약으로 인해 포기. 이 시기 『권업신문』에 논설을 기고하면서 니콜리스크 지역을 답사하여 고구려의 책성유지와 발해의 동경성유지를 확인
1914. 봄	북만주 목릉참에 있는 안정근의 집에 투숙
1916	귀국길에 안동현의 장성덕이라는 여관에 기거하면서 여관주인 박광으로부터 신병치료 등 많은 도움을 받음. 병고의 몸으로 귀국하여 평안북도 영변의 서운사에서 요양한 뒤 최초의 역사책 『국사』 발간(1946년 복간). 이를 계기로 조만식 교장의 초청을 받아 평안북도 정주의 오산학교에서 약 1년간 교사 생활. 이 시기 평양을 중심으로 한 고구려 유적 답사
1917	『위인 원효』·『위인 링컨』·『조선년표』를 백산서원에서 발간
1918	서울로 올라와 국사의 올바른 계몽을 통한 역사의식의 고양과 민족정기의 확립을 모색하면서 그것을 위한 수단으로 언론·출판 활동 방안을 도모
1919	『동아일보』 발간을 출원하여 허가를 받았으나 운영을 양도.

	한성도서주식회사를 설립
	잡지 『서울』 창간호 발간 주도. 「대정치가 을파소씨」·「학생계의 일대위기」·「연구 대평양」을 『서울』 창간호에 투고
1920. 2	「국선전」, 박용즙과 공동으로 「조선고대지리고」 『서울』 창간 1주년 기념 임시호에 투고
3	1935년 6월까지 역사·청년·교육과 관련된 주제로 10여 차례의 대중강연
3. 27	경성조선불교회에서 강연
6. 7	중앙기독교청년회관에서 「평등」을 연제로 강연
7. 3	서울 각황사에서 「불교청년의 사명」을 주제로 강연
7	평북 영변 출신으로 의열단 단원 김응원의 누나 김숙자와 결혼
	『서울』 제2호에 「조선인의 사업열과 주의처」·「사회문제, 세계문제」·「천개소문 실기」·「연구 한성일반」·「조선고대성격 일격」, 제3호에 「우리 개조의 일반」·「10대식민일반」, 제4호에 「현대의 사조와 아인의 소질」, 제5호에 「최근 세계 정치조직 변경에 대하여」·「정치도덕론」, 제6호에 「조선사회 부흥책의 일이를 논함」, 제7호에 「사상계 변화론」·「예술천재론」 등을 투고
	『학생계』 창간호 발행. 「학생계를 새로히 내힘」은 『학생계』 창간호에 투고
	「고대조선불교」를 『조선불교총보』 21호에 투고
	「각지 청년단체에 대한 현대 명사의 요구, 독서열과 운동열이 증진하도록, 서울주간 장도빈」을 『개벽』 6호에 투고
1921. 3. 3~4	「대문제인 출판법」을 『동아일보』에 투고

4	조선불교협회 이사로 참여 『조선년표』와 『동명왕실기』를 한성도서주식회사에서 발간. 「배우라, 학습하라, 일하라」를 잡지 『아성』 창간호에 투고 「신가정에 대한 관견」을 『신가정』 1호에 게재
1922. 1. 3	「문화운동의 비판, 빈약으로 세계제일 조선출판계에 대하여」를 『동아일보』에 투고
4. 1	「단결, 교육과 공업발달의 필요」를 『동아일보』에 투고 잡지 『조선지광』 창간 주도. 「조선민족의 미래를 논함」·「조선민족발달사의 개관」·「조선10대위인전」·「평양」 등을 『조선지광』 창간호에 투고 「희생주의」를 『아성』 제10호, 「양심」을 『아성』 제16호에 투고
1923	출판사 고려관 설립. 『조선10대위인전』을 동양서원에서 발행
1924	고려관에서 『조선역사요령』 발간
1925	『조선사상사』·『조선영웅전』·『조선위인전』·『조선명부전』·『동명왕전』·『을지문덕전』·『연개문전』·『원효전』 등을 고려관에서 발행
1926	「단군사료 – 소발견과 여余의 희열」을 『동광』 7호에 투고
6. 30	「단군에 대한 일변一辨」을 『조선일보』에 투고. 「만일 내가 다시 20살의 청년이 될 수 있다 하면」을 『동광』 8호에 투고 『이순신전』·『발해태조』·『강감찬전』·『을지문덕전쟁기』을 고려관에서 발행하고 『춘남장군 김덕령전』·『남이장군 실기』·『조선문학걸작전』·『갑오동학란과 전봉전』을 덕흥서림에서 발행

1927	『임오군란과 갑신정변』·『대원군과 명성황후』·『조선상고사강의』 1을 덕흥서림에서 발간
1928	『서산대사와 사명당』을 덕흥서림, 『문무대왕전』·『조선역사대전』을 박문서관에서 발행
1929	「단군시」·「조선역사강의」·「단군사적에 관한 고구의 일단」·「단군에 관한 조선고서적의 주요 문구」·「을지문덕전 장편」·「강감찬전 장편」·「이순신전 장편」·「조선상고문화의 발원과 외국인의 기록」·「조선상고지리사고」·「최치원의 시편」 등을 계간지 『조선역사강단』에 투고
1931. 11. 28	이듬해 3월 28일까지 「조선문명사화」를 『중앙일보』에 32회에 걸쳐 연재
1932. 4~9	「조선사」를 『동아일보』에 연재
9~10	백제·신라와 관련된 남쪽 지방(수원→공주→전주→광주→진주→한산도→마산→김해→범어사) 등지를 답사
	『조선역사담』를 고려관 발행. 「조선문화를 애호하라」를 『중앙일보』에 투고
1933. 5. 3~7.6	『동아일보』에 「고도사적탐사기」를 부여, 경주, 평양의 순서로 게재하면서 백제·신라·고구려 유적지 답사
	「조선근대사상사의 무용전」을 『삼천리』 5-1호에 투고
1934	「구월산사화」를 『신동아』 4-7호에 투고. 이를 일본어로 번역하여 『조선통신』에 게재
1935. 4	「조선고사연구-단군조선시대편」을 『조선일보』에 연재
10~12	「기자조선설의 허위에 대하여」를 『조선일보」에 연재
1936	『평양지』를 평양상공사에서 발행
	일제의 민족말살정책이 구체화되면서 총독부에서 장도빈에

게 중추원 참의를 제안하자 거절. 처가가 있는 영변이나 고향 혹은 어릴 적 공부하던 황해도 중화군 수안면 병운리로 옮겨가며 은둔. 이 시기 한국사상사나 사상가와 관련한 위인전의 초고 작업 진행

1945. 9. 22 『민중일보』 창간

1945. 10 조선신문주간회를 조직하여 대표를 맡음. 같은 10월에 조직된 순국의열사봉건회에서 기획한 혁명열사·선열전기편찬위원으로 선임

11 한중협회의 발기인으로 참여. 특히 장도빈은 해방 조국에 국학 중흥을 도모하기 위해 '국학연구회'에 참여하여 권덕규·이극로·김윤경과 더불어 국사·국어·국문강습회를 여러 날 개최

『조선말년사』를 덕흥서림에서 발간

1946. 3 전조선문필가협회 결성

5 이준열사추념준비회의 발기인 참여

12 대한국민총회의 발기인으로 동참. 12월 말에 발족된 애국금헌성회의 상무부원으로 참여. 『국사』·『국사강의』를 국사원에서 발간

1947. 3 개소한 건국실천원양성소에서 국사 강의를 맡았으며, 한국대학을 설립하여 야간대학을 운영

11. 3 단국대학 설립에 관여하면서 초대학장에 취임

고려도서관에서 『중학국사』를 발간하고 국사원에서 『대한위인선』 1을 발간

1949. 3 한국사료연구회 결성 당시 정인보·명제세·신익희 등 98명의 발기인으로 참여. 국방의 동량을 길러내는 육군사관학교

	의 국사 교수로 초빙
1950	『국사요령』을 국사원에서 발간
1952	『국사개요』를 국사원에서 발행
1953	『우리나라의 12위인전』을 국사원에서 발간
1954	이시열·박창화와 함께 대종교의 종사편집부 주간을 맡음. 『국사개론』과 『한국독립운동사와 독립운동지사들의 얼굴』을 국사원에서 발행
1955	단국대학교 교가의 필요성이 제기되면서 교가 작사. 최남선·박종화·신석호·유봉영·정의탁 등과 함께 서울시시사 편찬위원으로 피선
1956	『한국정치사』와 『한국법제사』를 단국대 통신교육부에서 발간
1957	단국대학장 윤택중, 진단학회장 이병도, 한국신문발행협회장 김형근, 한국신문편집인협회장 이관구 등이 발기인으로 '장도빈 선생 고희 송수연'을 개최. 고희를 맞아 뜻깊은 저술 『한국의 혼』을 발간하여 인물한국사의 토대를 마련함은 물론 한국사상의 연원을 밝힘
9	「우리 민족의 애국심」을 『조선일보』에 3회 연재. 대종교 예복을 직접 연구·도안
1958. 3. 10	안창호 서거 20주년을 맞아 「다시금 그리운 불세출의 지도자」를 『공함』에 투고
1959	고등고시위원선정위원회(문교부장관, 법무부장관, 학술원장으로 구성)의 추천에 의하여 고등고시위원으로 위촉. 『대한역사』를 국사원에서 발간
1960	『대한문화고적도』·『3·1독립운동사』를 국사원에서 발간

1961	『고사성어사전』을 학원사와 『대한위인전』을 국사원에서 발간
1962. 10	건국공로 문화훈장 수여
1963. 9	향년 76세로 영면
1981	『대한위인전』 상·하를 아세아문화사에서 영인 발간
1982	『산운 장도빈 전집』 1·2집 산운기념사업회에서 영인 발간
1990	건국훈장 독립장 추서

참고문헌

자료

- 「檀君敎五大宗旨書」(한국학중앙연구원 소장).
- 「독립기념관 소장자료번호 1-A00013-015(장도빈이 안창호에게 보낸 편지)」.
- 『개벽』, 『교육문화』, 『대한자강회월보』, 『동광』, 『사조』, 『삼천리』, 『서우』, 『서울』, 『신가정』, 『신동아』, 『신생공론』, 『신태양』, 『아성』, 『자유』, 『조선불교총보』, 『조선지광』, 『조선통신』, 『학생계』.
- 『고대학보』, 『권업신문』, 『대학저널』, 『대한매일신보』, 『독립신문』, 『동아일보』, 『만세보』, 『문화일보』, 『민중일보』, 『부산일보』, 『시대일보』, 『신한민보』, 『자유신문』, 『조선일보』, 『조선중앙일보』, 『중앙일보』, 『중외일보』, 『프레시안』, 『해조신문』, 『황성신문』.
- 『관보』, 『중의원의사속기록』, 『통감부문서』.
- 김창제, 「나의 모교와 은사, 한성사범학교와 은사」, 『삼천리』 4-1, 삼천리사,
- 단재신채호선생기념사업회, 『단재신채호전집(개정판)』, 1987.
- 독립운동사편찬위원회, 『독립운동사자료집』 12 · 13, 독립운동사편찬위원회, 1977 · 1978.
- 문일평, 『호암전집』, 조선일보사』, 1939.
- 백암박은식선생전집편찬위원회, 『백암박은식전집』, 동방미디어, 2002.
- 산운기념사업회, 『산운장도빈전집』, 1981.
- 이광수, 『이광수전집』 13, 삼중당, 1968.
- 이능화, 『이능화전집』, 한국학연구소(영인), 1977.

- 장도빈, 「교육의 성쇠는 국가승패의 원인」, 『서우』 16, 서우학회, 1908.
- 장도빈, 「암운짙은 구한말」, 『사상계』 4월호, 사상계사, 1962.
- 장도빈, 「우리의 주의 주장」, 『조선지광』 창간호, 1922.
- 장도빈, 「나의 보전시절」, 『고대학보』 1954년 6월 21일자.
- 조좌호, 「사학 · 언론 · 교육의 삼역 – 산운 장도빈선생을 추모하면서」, 『동아일보』 1963년 9월 16일자.
- 황현, 『매천야록』, 국사편찬위원회, 1955.
- 白鳥庫吉, 『白鳥庫吉全集』 3, 岩波書店, 1970.
- 梶村秀樹 · 姜德相 편, 『현대사자료』 26, みすず書局, 1970.

단행본

- 강만길, 『한국민족운동사론』, 서해문집, 2008.
- 강영심, 『일제 시기 근대적 일상과 식민지 문화』, 이화여자대학교출판부, 2008.
- 강진호, 『한국문단 이면사』, 깊은샘, 1999.
- 국가보훈처편, 『독립유공자공훈록』 4 · 7, 국가보훈처, 1987 · 1990.
- 국사편찬위원회, 『한민족독립운동사』 4, 1988.
- 권대웅, 『1910년대 국내독립운동 – 한국독립운동의 역사 15』, 한국독립운동사편찬위원회 · 한국독립운동사연구소(이하 생략), 2008.
- 권상로, 『한국지명연혁고』, 동국문화사, 1961.
- 권영민, 『한국현대문학대사전』, 서울대학교출판부, 2004.
- 권희영, 『한국과 러시아 – 관계와 변화』, 국학자료원, 1999.
- 김교헌 저 · 고동영 역, 『신단실기』, 훈뿌리, 1987.
- 김교헌, 『신단민사』, 대종교총본사, 1946.
- 김근수, 『한국잡지사』, 청록출판사, 1980.
- 김삼웅, 『보는 사람 없어도 달은 거기 있는가』, 범우사, 1999.
- 김중희, 『산운 장도빈』, 산운학술문화재단, 1985.

- 김형목, 『대한제국기 야학운동』, 경인문화사, 2005.
- 김형목, 『교육운동 – 한국독립운동의 역사』 35, 한국독립운동사편찬위원회, 2009.
- 김희태, 『산운 장도빈 연구』, 동국대학교박사학위논문, 2012.
- 노영택, 『일제하 민중교육운동사』, 탐구당, 1979.
- 단재신채호선생기념사업회, 『단재신채호와 민족사관』, 1980.
- 동아일보사, 『동아일보사사』, 1975.
- 박걸순, 『식민지 시기의 역사학과 역사인식』, 경인문화사, 2004.
- 박찬승, 『언론운동 – 한국독립운동의 역사』 33, 2009.
- 상동교회90년사편찬위원회, 『상동교회90년사』, 1979.
- 상허학회 지음, 『한국 근대문학 재생산 제도의 구조』, 깊은샘, 2007.
- 서정민, 『이동휘와 기독교』, 연세대학교출판부, 2007.
- 송건호, 『송건호전집』, 한길사, 2002.
- 오산학교교사편찬위원회, 『오산 80년사』, 1987.
- 오천석, 『한국신교육사』, 현대교육총서출판사, 1964.
- 유영렬, 『대한제국기의 민족운동』, 일조각, 1997.
- 유영렬, 『애국계몽운동(정치 · 사회운동) – 한국독립운동의 역사 12』, 2009.
- 윤경로, 『105인사건과 신민회 연구』, 일지사, 2004.
- 윤병석, 『1910년대 국외항일운동 I(만주 · 러시아) – 한국독립운동의 역사』 16, 2009.
- 이광수, 『도산 안창호(사르비아총서103)』, 범우사, 2000.
- 이만열, 『한국 근현대 역사학의 흐름』, 푸른역사, 2007.
- 이만열, 『한국근대역사학의 이해』, 문학과지성사, 1981.
- 이정희, 『아버님 추정 이갑』, 인물연구소, 1981.
- 이중환 외, 『우리 출판 100년』, 현암사, 2001.
- 임종국, 『실록 친일파』, 돌베개, 1991.
- 장도빈, 『조선사상사』, 조선국민원생대본부, 1945.

- 장석영, 『승리의 비결』, 익문사, 1976
- 정재철, 『일제의 대한국식민지교육정책사』, 일지사, 1985.
- 정진석, 『한국언론사』, 나남출판, 1990.
- 조광, 『한국사학사의 인식과 과제』, 경인문화사, 2010.
- 조동걸, 『한국독립운동의 이념과 방략 – 한국독립운동의 역사』 1, 2007,
- 조동걸, 『현대한국사학사』, 나남출판, 1988.
- 조좌호 외, 『산운 장도빈의 생애와 사상』, 산운학술문화재단, 1988.
- 종경종사편수회편, 『대종교중광육십년사』, 대종교총본사, 1971.
- 최기영, 『애국계몽운동 Ⅱ(문화운동) – 한국독립운동의 역사』 13, 2009.
- 최덕교, 『한국잡지백년』, 현암사, 2004.
- 최유리, 『일제 말기 식민지 지배정책연구』, 국학사료원, 1997.
- 최혜주, 『근대 재조선 일본인의 한국사 왜곡과 식민통치론』, 경인문화사, 2010.
- 한국독립운동사연구소, 『한국근대사와 고구려·발해인식』, 2005.
- 한국사연구회, 『한국사학사의 연구』, 을유문화사, 1985.
- 한국언론연구원, 『한국언론백년지』, 1983.
- 한영우, 『한국민족주의역사학』, 일조각, 1994.
- 현규환, 『한국유이민사』 상, 어문각, 1967.
- 황민호·홍선표, 『3·1운동 직후 무장투쟁과 외교활동 – 한국독립운동의 역사』 22, 2008.
- Japan Chronicle 지음·윤경로 옮김, 『105인 사건 공판참관기』, 한국기독교역사연구소, 2001.
- 白鳥庫吉 外(조경철 외 번역), 『일본인들의 단군 연구』, 한국학중앙연구원, 2005.

논문

- 강영주, 「일제말 홍명희의 은둔과 '조선문화' 탐구」, 『역사비평』 31, 역사비

평사, 1995.
- 김동환, 「〈단조사고〉에 대하여」, 『단조사고』, 흔뿌리, 2006.
- 김동환, 「육당 최남선과 대종교」, 『배달민족의 역사의식과 사상가들』, 흔뿌리, 2008.
- 김성연, 「1920년대 번역계의 세대교체 – 한성도서주식회사와 장도빈의 출판 활동을 중심으로」, 『반교어문연구』 31, 반교어문학회, 2011.
- 김주용, 「황병길의 생애와 독립운동」, 『한국독립운동사연구』 37, 한국독립운동사연구소, 2010.
- 김창수, 「산운 장도빈의 민족주의사학」, 『산운사학』 창간호, 산운학술문화재단, 1985.
- 김창수, 「산운 장도빈의 민족의식」, 『산운사학』 7, 산운학술문화재단, 1993.
- 김형목, 「일제강점 초기 개량서당의 기능과 성격」, 『사학연구』 78, 한국사학회, 2005.
- 노인화, 「대한제국 시기의 한성사범학교에 관한 연구」, 『이화사학연구』 16, 이화사학연구소, 1985.
- 노태돈, 「해방 후 민족주의사학론의 전개」, 『현대 한국사학과 사관』, 일조각, 1991.
- 박걸순, 「일제강점기 망명 인사의 고구려·발해인식」, 『한국독립운동사연구』 23, 한국독립운동사연구소, 2004.
- 박영석, 「대종교의 독립운동에 관한 연구」, 『사총』 21·22합집, 고대사학회, 1977.
- 박영석, 「해원 황의돈의 민족주의사학」, 『산운사학』 창간호, 산운학술문화재단, 1985.
- 박인호, 「산운 장도빈의 고구려 인식」, 『중앙사론』 30, 한국중앙사학회, 2010.
- 신용하, 「신민회의 창건과 그 국권회복운동」, 『한국민족독립운동사연구』, 을유문화사, 1985.

- 신용하, 「신채호의 독사신론의 비교분석」, 『단재신채호와 민족사관』, 형설출판사, 1980.
- 신형식, 「산운 장도빈의 사학과 민족주의 사학」 II, 『산운 장도빈의 생애와 사상』, 산운학술문화재단, 1988.
- 신형식, 「산운 장도빈의 역사주의사학」, 『산운사학』 3, 산운학술문화재단, 1989.
- 안춘근, 「1910년 이후의 언론출판」, 『한국사론』 5, 국사편찬위원회, 1981.
- 윤병석, 「1910년대 서북간도 한인단체의 민족운동」, 『국외한인사회와 민족운동』, 일조각, 1990.
- 윤춘병, 「전덕기 목사와 상동청년학원 고찰」, 『한길 김철손교수 고희 기념 논문집』, 감리교신학대학대학원, 1988.
- 이동언, 「노령지역 초기 한인사회에 관한 연구」, 『한국독립운동사연구』 5, 한국독립운동사연구소, 1991.
- 이동언, 「안명근의 생애와 독립운동」, 『한국독립운동사연구』 31, 한국독립운동사연구소, 2009
- 이만열, 「민족주의사학의 한국사 인식」, 『한국 근대 역사학의 이해』, 문학과지성사, 1981.
- 이만열, 「개신교의 선교활동과 민족의식 – 한말 개신교의 민족운동을 중심으로」, 『사학연구』 36, 한국사학회, 1983.
- 이재순, 「한말 신민회에 관한 연구」, 『이대사원』 14, 이대사학회, 1977.
- 이지원, 「1930년대 민족주의계열의 고적보존운동」, 『동방학지』 77·78·79 합집, 연세대동방학연구소, 1993.
- 이홍구, 「해방 후 백범 김구의 건국실천원양성소의 설립과 운영」, 『백범과 민족운동연구』 6, 백범학술원, 2008,
- 장도빈, 「암운 짙은 구한말」, 『사상계』 4월호, 사상계사, 1962.
- 정병준, 「1945~47년 우익진영의 '애국금'과 이승만의 정치자금 운용」, 『한국사연구』 109, 한국사연구회, 2000.

- 조동걸, 「1930·40년대의 국학과 민족주의」, 『인문과학연구』 창간호, 동덕여대 인문과학연구소, 1995.
- 조병로, 「산운 장도빈의 근세사인식」, 『산운사학』 3, 산운학술문화재단, 1989.
- 최혜주, 「한말의 고구려·발해인식」, 『한국독립운동사연구』 23, 한국독립운동사연구소, 2004.
- 한시준, 「대한민국임시정부와 단국대학교」, 『동양학』 47, 단국대 동양학연구소, 2010.
- 한영우, 「한말에 있어서의 신채호의 역사인식」, 『단재신채호선생탄신 100주년 기념논문집』, 단재신채호선생기념사업회, 1980.
- 森山茂德, 「現地新聞と總督政治－『京城日報』について」, 『近代日本と植民地』 7, 岩波書店, 1993.

찾아보기

ㄱ

ㄴ

ㄹ

ㅁ

ㅂ

ㅅ

ㅇ

ㅈ

ㅊ

ㅋ

ㅌ

ㅍ

ㅎ

실천적인 민족주의 역사가 장도빈

1판 1쇄 인쇄 2013년 1월 20일
1판 1쇄 발행 2013년 1월 30일

글쓴이 김동환
기 획 독립기념관 한국독립운동사연구소
펴낸이 김능진
펴낸곳 역사공간
서울시 마포구 서교동 463-31 플러스빌딩 3층
전화 : 02-725-8806~7, 팩스 : 02-725-8801
등록 2003년 7월 22일 제6-510호
ISBN 978-89-98205-11-9 03900

역사공간이 펴내는 '한국의 독립운동가들'

독립기념관은 독립운동사 대중화를 위해 향후 10년간 100명의 독립운동가를 선정하여, 그들의 삶과 자취를 조명하는 열전을 기획하고 있다.

001 근대화의 선각자 – 최광옥의 삶과 위대한 유산
002 대한제국군에서 한국광복군까지 – 황학수의 독립운동
003 대륙에 남긴 꿈 – 김원봉의 항일역정과 삶
004 중도의 길을 걸은 신민족주의자 – 안재홍의 생각과 삶
005 서간도 독립군의 개척자 – 이상룡의 독립정신
006 고종 황제의 마지막 특사 – 이준의 구국운동
007 민중과 함께 한 조선의 간디 – 조만식의 민족운동
008 봉오동·청산리 전투의 영웅 – 홍범도의 독립전쟁
009 유림 의병의 선도자 – 유인석
010 시베리아 한인민족운동의 대부 – 최재형
011 기독교 민족운동의 영원한 지도자 – 이승훈
012 자유를 위해 투쟁한 아나키스트 – 이회영
013 간도 민족독립운동의 지도자 – 김약연
014 대한민국 임시정부의 민족혁명가 – 윤기섭
015 서북을 호령한 여성독립운동가 – 조신성
016 독립운동 자금의 젖줄 – 안희제
017 3·1운동의 얼 – 유관순
018 대한민국임시정부의 안살림꾼 – 정정화
019 노구를 민족제단에 바친 의열투쟁가 – 강우규
020 미 대륙의 항일무장투쟁론자 – 박용만
021 영원한 대한민국임시정부의 요인 – 김철
022 혁신유림계의 독립운동을 주도한 선각자 – 김창숙
023 시대를 앞서간 민족혁명의 선각자 – 신규식
024 대한민국을 세운 독립운동가 – 이승만
025 한국광복군 총사령 – 지청천
026 독립협회를 창설한 개화·개혁의 선구자 – 서재필
027 만주 항일무장투쟁의 신화 – 김좌진
028 일왕을 겨눈 독립투사 – 이봉창
029 만주지역 통합운동의 주역 – 김동삼
030 소년운동을 민족운동으로 승화시킨 – 방정환
031 의열투쟁의 선구자 – 전명운
032 대종교와 대한민국임시정부 – 조완구
033 재미한인 독립운동의 표상 – 김호
034 천도교에서 민족지도자의 길을 간 – 손병희
035 계몽운동에서 무장투쟁까지의 선도자 – 양기탁
036 무궁화 사랑으로 삼천리를 수놓은 – 남궁억
037 대한 선비의 표상 – 최익현
038 희고 흰 저 천 길 물 속에 – 김도현
039 불멸의 민족혼 되살려 낸 역사가 – 박은식
040 독립과 민족해방의 철학사상가 – 김중건
041 실천적인 민족주의 역사가 – 장도빈